¿HAY VIDA DESPUÉS DE LA MUERTE?

T0249316

¿QUÉ SUCEDE CUANDO MUERO?

BILL WIESE

CASA CREACIÓN
Para vivir la Palabra

Para vivir la Palabra

MANTENGAN LOS OJOS ABIERTOS,
AFÉRRENSE A SUS CONVICCIONES,
ENTRÉGUENSE POR COMPLETO,
PERMANEZCAN FIRMES,
Y AMEN TODO EL TIEMPO.
—1 Corintios 16:13-14 (Biblia El Mensaje)

¿Qué sucede cuando muero? por Bill Wiese
Publicado por Casa Creación
Miami, Florida
www.casacreacion.com
©2013 Derechos reservados

Library of Congress Control Number: 2013945759
ISBN: 978-1-62136-422-1
E-book: 978-1-62136-438-2

Desarrollo editorial: *Grupo Nivel Uno, Inc.*
Adaptación de diseño interior y portada: *Grupo Nivel Uno, Inc.*

Publicado originalmente en inglés bajo el título:
What Happens When I Die?
Charisma House, es una compañia de Charisma Media Company,
Lake Mary, FL 32746 USA
©2013 Bill Wiese
Todos los derechos reservados.

Visite la página web del autor: www.soulchoiceministries.com.

Todos los derechos reservados. Se requiere permiso escrito de los editores
para la reproducción de porciones del libro, excepto para citas breves en
artículos de análisis crítico.

A menos que se indique lo contrario, los textos bíblicos han sido tomados de la Santa
Biblia, Nueva Versión Internacional® NVI® ©1999 por Bíblica, Inc.© Usada con permiso.

Nota de la editorial: Aunque el autor hizo todo lo posible por proveer teléfonos y
páginas de internet correctos al momento de la publicación de este libro, ni la editorial
ni el autor se responsabilizan por errores o cambios que puedan surgir luego de haberse
publicado.

Impreso en Colombia

24 25 26 27 28 29 30 LBS 9 8 7 6 5 4 3 2 1

Le dedico este libro a mi amorosa madre,
quien ha orado tan fielmente por mi esposa y por mí.
Ella ha sido el ejemplo perfecto de lo que un cristiano
debe ser y continuamente ha mostrado una actitud
piadosa en todas las situaciones.
Estoy orgulloso de ser su hijo.
También estoy orgulloso de mi padre.
Mis padres me criaron y me enseñaron integridad,
honor y la necesidad de mantener mi palabra en todo
momento. Si alguna vez hubo un santo, con toda
seguridad mi madre es una.
Mamá y Papá, los quiero mucho a ambos.
Gracias por todo lo que han hecho.
Que el Señor los siga bendiciendo a ambos,
y que vivan muchos años más
saludables en esta Tierra.

Con todo nuestro amor,

Bill y Annette

Contenido

Agradecimientos. 6
Introducción 7

Capítulo 1: ¡Me fui en tres segundos! 9
Capítulo 2: ¿Por qué debo ir al cielo? 15
Capítulo 3: ¿Qué es la verdad? 29
Capítulo 4: ¿Informado o ignorante?. 39
Capítulo 5: Experiencias cercanas a la muerte. 53
Capítulo 6: Experiencias de muerte clínica 69
Capítulo 7: Sueños y visiones de la vida después
de la muerte. 83
Capítulo 8: ¿Cree en un más allá? 97
Capítulo 9: ¡Dios no se rinde! 109
Capítulo 10: ¡Los "muertos" podrían decirnos una
cosa o dos! 125
Capítulo 11: Lo que nos dicen las religiones 131
Capítulo 12: ¿Por qué el cristianismo es único? 149
Capítulo 13: ¿Qué dice la Biblia sobre el infierno?. 161
Capítulo 14: ¿Ha invertido en el cielo?. 177
Capítulo 15: ¡Perder la vida para encontrarla! 185
Capítulo 16: ¿Son realmente mis propias palabras? 191
Capítulo 17: El bautismo: ¿Es un requisito? 195
Apéndice A: 201
Apéndice B: 205

Notas. 213

Agradecimientos

QUIERO AGRADECER SINCERAMENTE a mi maravillosa esposa, Annette, quien ha permanecido fiel a mi lado sin vacilar y que ha trabajado tan diligentemente en este ministerio. Ella es ejemplar como cristiana, como compañera y, todavía más, como una esposa amorosa. No habría ningún ministerio, ni libros y ni yo hablaría en público si no fuera por ella. Estoy, por supuesto, muy agradecido con el Señor por todo lo que ha hecho en mi vida y por darme una esposa tan hermosa y excepcional. Viajamos por todos lados juntos, y no me gustaría que fuera de ninguna otra forma. Gracias, Annette, por todo lo que haces y por ser la mujer piadosa que eres. Te amaré siempre y para siempre.

—BILL

Introducción

Ya que todos vamos a enfrentar la muerte algún día, ¿por qué hay tan poca discusión con respecto a dónde iremos después de que suceda? ¿Por qué hay tantos que siguen sin estar al tanto de lo que enseña la Biblia acerca de cómo uno obtiene la entrada al cielo? ¿Está usted consciente de lo que enseñan otras religiones sobre el cielo y el infierno? ¿Está al tanto de cómo la Biblia difiere de otras religiones? ¿Ha leído acerca de las muchas experiencias legítimas de quienes afirman haber visto el cielo o el infierno? ¿Podemos llevarnos algo al cielo? ¿Podemos invertir en nuestra vida eterna, al igual que lo hacemos en esta vida presente? Puesto que la mentira y el engaño son tan frecuentes hoy en día, ¿es posible saber cuál es la verdad en realidad? Estas son preguntas para las que la mayoría de nosotros nos gustaría tener las respuestas, y espero que la pequeña cantidad de conocimientos que he adquirido durante mis cuarenta y tres años de estudio arroje alguna luz sobre estas preguntas. Sería prudente para nosotros saber lo que nos espera después de la muerte, antes de que sea demasiado tarde como para cambiar el resultado.

El rey Salomón dijo: "El avisado ve el mal y se esconde; mas los simples pasan y llevan el daño" (Proverbios 27:12).

La pregunta es: ¿Será usted el simple o será el avisado?

1

¡Me fui en tres segundos!

Salimos de casa a las 5:00 a. m. el 18 de abril de 2012 camino al aeropuerto de Los Ángeles. Nos dirigíamos a Charlotte, Carolina del Norte, para un programa de televisión. Para las 5:30 a. m. ya íbamos por la autopista 405. Estábamos en el carril de la extrema izquierda de seis carriles de tráfico pesado matutino y, de repente, sentí que me iba a desmayar. Le dije a Annette: "Mi amor, no me siento bien. Creo que me voy a desmayar". Y un segundo después me había desmayado al volante con el coche yendo a sesenta y cinco millas por hora [104.6 km/h]. Ahora bien, me he desmayado varias veces en mi vida, pero esto fue diferente. No hubo el mareo normal o que se me comenzara a nublar la mirada antes de que sucediera. Fue como si instantáneamente se hubiera terminado la energía de mi cuerpo, y luego se apagaron las luces. Mi esposa tuvo que maniobrar el coche a través de otros cinco carriles de tráfico. Tuvo que pasar la pierna sobre la consola central y poner su pie en el freno; y hacer todo esto en la oscuridad, ya que todavía no había aclarado el día. Esto fue un milagro en sí mismo; ¡usted lo sabe si ha visto el tráfico de Los Ángeles! Por suerte llegamos a la orilla de la autopista, y un par de minutos más tarde recobré la consciencia: durante unos treinta segundos. Mi esposa llamó a los servicios de emergencia. Sabía que algo no estaba bien, ya que yo nunca había estado enfermo ni tenido algún problema médico antes de esto. Siempre he sido bendecido con buena salud a lo largo de toda mi vida. Recientemente me había sometido a una revisión física completa y me encontraron en excelente estado de salud. Entonces ¿cuál fue la causa de mi desmayo? Bueno, habíamos ido a un nutricionista para comprar algunas vitaminas dos días antes de esto. El nutricionista nos recomendó que tomáramos ciertas vitaminas que eran buenas para la circulación, ya que a menudo pasamos tiempo sentados en un avión. Resultó que la supuesta vitamina que nos dieron contenía 85% de óxido nítrico. Que generalmente se le administra a personas con hipertensión arterial con el fin de bajárselas, ya que abre las venas y las arterias. Sin embargo, ya que tengo un pulso lento y presión arterial baja, esta "vitamina" sin querer hizo descender mi presión arterial a casi nada.

La ambulancia llegó muy rápido. Los médicos revisaron mi pulso y dijeron que mi corazón latía a solo tres pulsaciones por minuto. Gritaron: "¡Precardiaco!", y me pusieron una inyección para elevar la presión arterial, pero eso solo incrementó mis latidos a treinta pulsaciones por minuto. Aunque mi memoria estaba bien, no podía levantarme y funcionar correctamente. Me sentía mareado, débil y simplemente terrible. La ambulancia me llevó a la sala de urgencias del hospital más cercano, y terminamos pasando treinta y seis miserables horas allí mientras me hacían todas las pruebas conocidas por el hombre para estar seguros de que no era otra cosa además de la píldora que había tomado.

Ahora bien, mi esposa había tomado la misma pastilla al mismo tiempo que yo. Me dijo que en cuanto le dije que no me sentía bien, ella también sintió una ola barrer sobre su cuerpo. No causó que se desmayara, ya que su presión arterial es normal, pero seguramente le bajó la presión a ella un poco también.

El hospital tuvo que eliminar el óxido nítrico de mi sistema con líquidos intravenosos durante esas treinta y seis horas, y una vez que estaba fuera de mi cuerpo, me sentí bien y volví a la normalidad. Todos los resultados de los análisis revelaron que estaba en excelentes condiciones. ¡Gracias a Dios por eso! Pero aun así, fue una experiencia aterradora, y terminó costándonos mucho dinero y molestias. Esto fue debido a una decisión equivocada al tomar la pastilla equivocada. Generalmente investigamos antes de tomar cualquier vitamina, pero teníamos prisa esa mañana. El doctor en el hospital nos dijo que un nutricionista nunca le debería recomendar una píldora a una persona sin antes tomarle la presión sanguínea. Dijo que me podría haber causado ceguera permanente o incluso matarme. El nutricionista nos había dicho que tomáramos dos pastillas. No obstante, mi esposa no sintió que estuviera bien que nos las tomáramos, así que sugirió que mejor nos tomáramos solo una. Ella estaba oyendo una advertencia por parte de Dios, pero solo actuó sobre ella parcialmente. Me alegra que ella haya escuchado tanto así al Señor, si no yo ciertamente habría muerto. ¡Gracias a Dios por una esposa piadosa! También podríamos haber muerto fácilmente en la autopista. Gracias a Dios por su protección.

Ahora quiero compartirle lo que me pasó cuando estuve desmayado durante ese minuto cuando estaba recostado en la orilla de la autopista. Eso en realidad es la parte relevante de la historia.

Cuando estaba inconsciente, me vi a mí mismo sentado en una habitación y viendo un video, pero no era un video con fines de entretenimiento. Era toda mi vida pasando a una velocidad increíblemente alta. Vi los sesenta años de mi vida en un solo minuto, y pude absorberlo todo. A medida que la película se acercaba a su fin, y empecé a verme de mi edad actual, comenzó a desacelerar un poco. Cuando recobré la conciencia, me encontré acostado en el suelo al lado de la autopista. Los paramédicos me habían sacado del coche. Por un momento, no supe dónde estaba o incluso qué edad tenía. Viajar a lo largo de los años de mi vida y luego detener tan abruptamente, esa experiencia me había dejado un poco desorientado. Fue como si hubiera sido colocado de vuelta en la vida con el fin de terminar el video.

Cuando me enteré de que casi me muero, me di cuenta de cuán frágil es realmente la vida; y lo rápido que puede terminar. Todos vamos a morir, pero realmente no pensamos que nos pasará a nosotros. Después de mi experiencia cercana a la muerte, me volví muy consciente de que realmente hay un más allá, y de que todo lo que hacemos es grabado: cada segundo y cada palabra que pronunciamos. Creo que hoy todos podemos relacionarnos con que las cosas sean grabadas, ya que tenemos correo electrónico, mensajes de texto y grabadoras de teléfono. Pero Dios tiene un sistema que captura incluso los pensamientos y las intenciones del corazón. Ese es un sistema bastante sofisticado. Me ha llevado a ser muy consciente de mi vida en cada área. ¿Y usted? ¿También le está prestando atención a sus acciones, pensamientos y motivos? La Biblia establece que todos darán cuenta de cada palabra, pensamiento y acción (vea Proverbios 12:14; Eclesiastés 11:9; 12:14; Mateo 12:36; 16:27; Lucas 12:3; 1 Corintios 4:5; 6:9-10; Gálatas 5:19-21; Efesios 5:5; y Apocalipsis 21:8). No quiero que le muestren toda mi vida a nadie. Sin embargo, si no conocemos a Jesús, lo que hemos hablado en la oscuridad será proclamado desde las azoteas, y él traerá a la luz las cosas ocultas del corazón. No obstante, la Biblia establece que cuando aceptamos a Jesús como nuestro Señor y Salvador y pedimos perdón por nuestros pecados, entonces Dios borra todos nuestros pecados y ya no los recuerda más (vea Salmos 103:11-12; Hebreos 8:12; 10:17). Estoy tan agradecido de que todas las cosas tontas que he hecho hayan sido olvidadas. ¿Puede decir lo mismo? Un punto más: de la misma manera en que tomé una decisión equivocada al tomar la píldora que casi me cuesta la vida, ¡no queremos tomar una decisión equivocada con respecto a dónde iremos para nuestra morada eterna!

Hay muchas experiencias similares que otros han tenido, de ver sus vidas pasar delante de sus ojos. Voy a compartirle una historia breve escrita en el libro del Dr. Maurice Rawlings que fue reportada por un Dr. Phillip Swihart. Documenta las palabras de un paciente en un hospital a la espera de una cirugía:

> Lo siguiente: oscuridad [...] Luego luz. Desperté y supe que era real. Delante de mí, vi pasar toda mi vida. Cada pensamiento, palabra y movimiento que hice en mi vida [...] Cada detalle, hasta el momento presente. Todo ocurrió en lo que parecía ser una fracción de segundo, y, sin embargo, todo fue muy vívido.[1]

Han sido miles las historias narradas en los numerosos libros sobre experiencias cercanas a la muerte, sobre quienes han estado realmente clínicamente muertos y aquellos que han tenido sueños o visiones del cielo y del infierno. Compartiré algunas de estas experiencias que he leído o que he escuchado personalmente. No estoy respaldando a nadie. Sin embargo, estas historias que compartiré parecen ser creíbles. Cientos nos han escrito durante los últimos siete años compartiendo sus experiencias de muerte o sus visiones del cielo o del infierno. En casi todos los casos, después de ellas cada uno tuvo un cambio total de rumbo en la vida, ya que los sacudieron hasta la médula. Tomaron la decisión de seguir a Jesús y compartir la Palabra de Dios con los demás. Algunos entraron al ministerio, estudiaron en una escuela bíblica o dedicaron su vida a compartir la Palabra de Dios. La mayoría no quería compartir sus experiencias con nadie para evitar hacer el ridículo. Pero lo que también ha sido consistente en la mayoría de sus testimonios es lo que dijeron haber visto. En las visiones del infierno había cosas similares, tales como fuego, almas atormentadas, demonios de odio, celdas, fuertes gritos y el hedor de azufre quemado. Quienes vieron el cielo también vieron cosas similares, tales como gente alabando a Dios, parientes que les habían precedido en la muerte, hermosos árboles y césped, estructuras magníficas, calles de oro, puertas de perla, ángeles y hasta al mismo Jesús.

No estoy tratando de duplicar lo que ya muchos otros han hecho, incluyendo a algunos médicos. Simplemente estoy resumiendo la información que he aprendido con el fin de que usted sea capaz de tomar una decisión informada con respecto a su propia vida después de la muerte.

Si asistimos a un funeral o visitamos a un ser querido en el cementerio, debemos darnos cuenta de que la mayoría de las personas que fueron puestas a descansar no esperaban morir cuando lo hicieron. Todos de alguna manera pensamos que la muerte nos no sucederá. Pero un día aparece en nuestra puerta. Todas esas personas caminaron por la Tierra al igual que nosotros. Tenían sus metas, sus planes y sus familias, y en un instante, todo terminó. Como señala Randy Alcorn: "En todo el mundo, 3 personas mueren por segundo, 180 por minuto, y casi 11.000 por hora [...] todos los días más de 250.000 personas".[2]

La pregunta es: ¿Dónde están ahora? El rey David dijo: "Hazme saber, Jehová, mi fin, y cuánta sea la medida de mis días; sepa yo cuán frágil soy. He aquí, diste a mis días término corto, y mi edad es como nada delante de ti; ciertamente es completa vanidad todo hombre que vive" (Salmos 39:4-5).

Proverbios 14:12 declara: "Hay camino que al hombre le parece derecho; pero su fin es camino de muerte". La pregunta que deberíamos todos hacernos es: ¿Estoy seguro de dónde voy a ir después de morir?

2

¿Por qué debo ir al cielo?

ENERALMENTE SE AFIRMA en los funerales que la persona fallecida "ha ido a un lugar mejor". Y ese es el caso para muchos. ¿Pero es ese el caso para todos? ¿Por qué asumimos que todo el mundo automáticamente logra ir al cielo? La razón es que muchos de nosotros pensamos que somos gente buena, así que generalmente esperamos terminar allí. Pero si la entrada al cielo se basa en ser buenos, ¿entonces cuál estándar de "bueno" debemos usar? El suyo y el mío quizá difieran.

Bueno, el estándar de Dios ciertamente difiere del nuestro. Su estándar es este: Si mentimos una vez, si nos robamos una cosa, si tenemos un pensamiento lujurioso o incluso si tenemos un pensamiento insensato, seremos excluidos del cielo (vea Proverbios 24:9; Eclesiastés 12:14; Mateo 5:28; 12:36; 1 Corintios 6:9; Gálatas 5:19-21; Efesios 5:5; y Apocalipsis 21:8). Ese es un estándar bastante alto. Santiago 2:10 declara: "Porque cualquiera que guardare toda la ley, pero ofendiere en un punto, se hace culpable de todos". Si rompemos solo una de sus leyes, no se nos puede permitir la entrada al cielo. Así que eso nos deja fuera a todos nosotros. "Ser bueno" no es nuestro boleto al cielo. De hecho Job 15:16 declara: "¿Cuánto menos el hombre abominable y vil, que bebe la iniquidad como agua?". Isaías 64:6 declara: "Si bien todos nosotros somos como suciedad, y todas nuestras justicias como trapo de inmundicia; y caímos todos nosotros como la hoja, y nuestras maldades nos llevaron como viento". No se nos puede permitir entrar al cielo en nuestro estado actual caído. ¡No somos tan buenos como pensamos! Es como la niña que estaba mirando las hermosas ovejas blancas en las verdes colinas. Parecían ser tan blancas. No obstante, durante la noche nevó y en la mañana la colina estaba blanca por la nieve. Miró las ovejas y de repente le parecieron sucias y ordinarias. Comparadas con la nieve blanca y pura, la oveja parecía sucia y gris. ¡Bueno, nosotros nos veremos mucho peor cuando seamos comparados con un Dios Santo! Gracias a Dios que nuestra justicia no se basa en ser buenos, sino en una relación con Jesucristo.

Cuando Dios le dijo a Adán que no comiera del árbol de la ciencia del bien y del mal (Génesis 2:17), se lo dijo porque no quería que se separara de Él. Le dijo que iba a morir, no solo física sino también espiritualmente. La muerte espiritual significa ser cortado de Dios y de toda la vida para siempre. No significa "dejar de existir". Dios tampoco quería que el hombre tuviera ningún conocimiento del mal. Una vez que el hombre entendiera el mal, sería tentado por él. Sin embargo, el hombre pecó, incluso sin el conocimiento del mal, por desobedecer a Dios. Dios le había retenido al hombre el conocimiento del mal, de modo que el ser humano no supiera qué era el mal. Dios le dio una orden, lo cual le permitió al hombre tener libre albedrío para elegir. Dios quería que el hombre tuviera la opción de obedecerlo, y que con ello mostrara su confianza en su Palabra. Su deseo es que tengamos una relación con Él y que le obedezcamos por amor a Él. Pero el pecado de Adán nos separó de Dios para toda la eternidad.

Billy Graham afirma: "La muerte fue la pena por el pecado, y Adán y Eva tomaron la decisión por su propio libre albedrío. Les dijo al primer hombre y a la mujer que si comían del fruto del árbol de la ciencia del bien y del mal, morirían. Pero Satanás se burló de la advertencia de Dios y les dijo que seguramente no morirían. Adán y Eva decidieron ignorar la advertencia de Dios y creer la mentira de Satanás".[1]

Ahora ya era demasiado tarde. El hombre se había separado de Dios, como Dios le dijo que lo haría. Dios no podía simplemente aniquilar al hombre porque nos hizo a su imagen (Génesis 1:26). Vamos a vivir para siempre sea con Dios o apartados de Él. Ahora Dios tenía que instituir el plan que ya tenía para redimir al hombre de vuelta a sí mismo (Hechos 2:23; 1 Corintios 2:7; 1 Pedro 1:20; Apocalipsis 13:8). Dios, por supuesto, sabía que el hombre lo desobedecería.

El cielo y Dios son perfectos, así que no nos puede dejar entrar al cielo como somos porque lo corromperíamos, como lo hemos hecho con la Tierra (Isaías 24:5-6; 33:9; Apocalipsis 21:27). Se nos tiene que dar un nuevo corazón y un espíritu nuevo (Eclesiastés 11:19; Ezequiel 11:19; 18:31; 36:26; 2 Corintios 5:17; Gálatas 6:15), y eso solamente viene a través de una relación con Jesucristo (Juan 3:3; 36).

Randy Alcorn dice: "Porque somos pecadores no se nos permite entrar a la presencia de Dios. No podemos entrar al Cielo como somos. Así que el Cielo *no* es nuestro destino automático. Nadie va allí automáticamente. A menos que nuestro problema del pecado sea resuelto, hay un solo lugar al que iremos como nuestro destino automático... el infierno".[2]

La segunda razón por la que ser una buena persona no nos lleva al cielo es esta: Supongamos que usted encuentra la casa más cara del país, llama a la puerta y dice: "Disculpe, pero voy a mudarme a su casa porque soy una buena persona". ¿Qué cree que le diría la gente? "No, por supuesto que no", ¿no es así? Usted no esperaría que se lo permitieran, ya que usted no los conoce. No tiene ninguna relación con ellos. Bueno, sucede lo mismo con Dios. Las personas viven toda su vida, no tienen nada que ver con Dios, niegan que Jesús es el Hijo de Dios y se niegan a arrepentirse, siendo que Él dijo que era la única manera de entrar a su casa, pero luego al final de sus vidas, tienen el coraje de decirle: "¡Perdón, pero me voy a mudar a vivir contigo porque soy

17

una buena persona!". ¿Qué tiene que ver "ser una buena persona" con eso? ¡Ni siquiera lo conoce! Esperan entrar a su casa, e incluso tienen la audacia de acusarlo de ser malo si no los recibe. No tienen ninguna relación con Él. Se ofreció a ser su Padre a lo largo de toda su vida, pero ellos lo rechazaron y lo hicieron a un lado. Mire, Dios es nuestro Creador, pero no es nuestro Padre hasta que invitamos a Jesús a nuestro corazón como nuestro Señor y Salvador. En ese momento se convierte en nuestro Padre (vea Juan 1:12; 8:44; 17:9; Romanos 9:7-8; Gálatas 3:26; Efesios 1:5; 5:1). Entonces es que tenemos el privilegio de vivir en su casa. ¡Así que seríamos unos desconsiderados y arrogantes si esperáramos vivir en casa de alguien a quien no conocemos!

Otra analogía quizá también nos ayude a ver porqué *nuestra idea* de "buena persona" se queda corta en comparación con la idea *de Dios* de "buena persona".

Había dos hombres de pie en una playa. Uno era muy enfermizo y escuálido. Se le pidió que saltara tan lejos como pudiera, y solamente pudo saltar una corta distancia. El otro era una imagen de salud, un corredor olímpico ganador de la medalla de oro. Se le pidió saltar, y se lanzó treinta y cinco pies [10,67 m] por el aire. ¡Una hazaña extraordinaria! Ahora bien, a ambos se les informa que el objetivo es saltar desde la costa de California hasta Hawái. Bien, pues no importa que uno de ellos esté en tan buena forma, ambos necesitarán un barco. Eso es lo lejos que estamos cuando decimos que somos "lo suficientemente buenos" para entrar al cielo. Todos necesitamos el barco y ¡Jesús es ese barco!

Sin embargo, si usted todavía quiere que Dios lo juzgue con base en sus buenas obras, Él le dará esa oportunidad. Él reproducirá toda su vida, todas sus acciones, cada uno de sus pensamientos y cada motivo suyo el Día del Juicio (vea Proverbios 12:14; 24:9; Eclesiastés 11:9; Mateo 12:36; Lucas 12:3; 1 Corintios 4:5; 6:9-10; Gálatas 5:19-21; Efesios 5:5; y Apocalipsis 21:8).

Así que, ¿usted realmente piensa que se vería tan buena persona si toda su vida fuera mostrada delante de un Dios Santo? Sé que yo no. Si somos honestos, no somos tan buenas personas, ni siquiera medidos por nuestros propios estándares mediocres. Gracias a Dios nuestra salvación no se basa en nuestras buenas obras. Por favor, entienda que las buenas obras siempre deben seguir después de que lo aceptemos como nuestro Señor y Salvador. Deben ser evidentes en nuestras vidas, pero las buenas obras no nos salvan. Las buenas obras no son el criterio para la salvación; son el resultado de la salvación (Mateo 12:50; Lucas 8:21; Hebreos 5:9; 1 Juan 2:3, 17).

Ya que vivimos en un mundo que está lleno de pecado (1 Juan 5:19), podemos llegar a volvernos inmunes a sus efectos. Lo toleramos cada día. La gente nos miente o trata de engañarnos. Generalmente están buscando su propia conveniencia. Puesto que todos los días estamos rodeados por el pecado, tendemos a pensar que Dios es así también, en que él también lo tolerará. Podríamos pensar: "¿Por qué Dios no puede simplemente pasar por alto mis pecados? ¡Después de todo, mi pecado es menor y realmente no es tan malo!". También usted podría preguntarse: "¿Por qué mi pecado es tan ofensivo para Dios? ¿Por qué nuestro pecado merece una eternidad de castigo? ¡El castigo no parece corresponder al crimen!".

Primero, echemos un vistazo a por qué Dios no puede pasar por alto nuestro pecado. Necesitamos entender el hecho de que el pecado no puede quedar impune. Si Dios va a ser justo, entonces alguien que cometa un pecado no debe salir impune. La verdadera justicia siempre exige juicio, y Dios es un Dios justo (Deuteronomio 32:4; Salmos 96:10, 13; Isaías 45:21; Romanos 1:18; 2 Pedro 2:9). Un buen juez en nuestra tierra no sería considerado "bueno" si dejara que el criminal saliera libre, ¿no es verdad? ¿Cómo se sentiría si su hijo o hija fuera asesinado, y el juez simplemente dejara ir libre al asesino? Bueno, nuestro pecado tiene que ser pagado (Romanos 6:23), al igual que el criminal tendría que pagar por su asesinato. Hay consecuencias por nuestras acciones. Como nuestro pecado es digno de muerte, entonces Dios debe ejercer verdadera justicia. Ahora bien, si Dios fuera solamente un Dios justo, todos estaríamos condenados al infierno, sin posibilidad de ser redimidos. No obstante, como Dios también es amor (1 Juan 4:16), no dejó al hombre en ese predicamento. Proporcionó una manera de escapar del juicio sobre el pecado (1 Tesalonicenses 1:10). Dios decidió poner todo el castigo que merecíamos sobre su propio Hijo, gracias a su gran misericordia y amor por nosotros. Jesús pagó por nuestros pecados. Si lo rechazamos, entonces morimos en nuestros pecados (Juan 8:24), y si morimos en nuestros pecados, no se nos puede permitir entrar al cielo (Apocalipsis 21:27).

Debido a la gravedad del pecado, la única forma en que el pecado puede ser pagado es por el derramamiento de sangre. El pecado solamente podía ser pagado por Aquel que creó al hombre: Jesucristo. Tenía que hacerse hombre; vivir una vida perfecta, sin pecado; y luego derramar su sangre por nuestros pecados (1 Juan 3:5). La Biblia explica: "Porque la vida de la carne en la sangre está" (Levítico 17:11). Hebreos 9:22 dice: "…y sin derramamiento de sangre no se hace remisión". Como nuestro pecado es merecedor de castigo eterno, también tendría que ser derramada por un Dios eterno. Solamente un Dios eterno podría pagar por nuestro pecado eterno. El castigo por nuestro pecado era grave, porque el pecado es extremadamente ofensivo para un Dios Santo. Dios no podía dejar que a Jesús le fuera fácil y que su muerte fuera lo menos dolorosa posible, porque nuestro pecado merecía un castigo severo. Dios no le mostró favoritismo a Jesús solo porque era su Hijo. El hecho de que Dios es cien por ciento justo significa que Él no aligeraría el castigo sobre Jesús. Jesús soportó la ira completa por nosotros, y eso también nos muestra que

Él es cien por ciento amor. Él no es cincuenta por ciento de cada uno. Es cien por ciento justo y cien por ciento amor.

Otra razón por la que Dios simplemente no podía pasar por alto nuestro pecado es esta: la misma naturaleza de Dios es diferente a la nuestra. Su naturaleza es fuego. Hebreos 12:29 afirma que "nuestro Dios es fuego consumidor". Nahum 1:5 también dice: "Los montes tiemblan delante de él, y los collados se derriten; la tierra se conmueve a su presencia, y el mundo, y todos los que en él habitan". Todo el mundo y todo lo que hay en él sería quemado en su presencia debido a su naturaleza santa.

Esta analogía quizá ayude. Charles Stanley dijo: "Tome al fuego como ejemplo. El fuego es caliente por naturaleza. El fuego no se hace caliente; *es* caliente. Esa es la naturaleza del fuego. Si mete la mano en una fogata para recuperar un perrito caliente que se le haya caído del palo, se podría quemar. Usted no se enfadaría con el fuego. No le diría: 'No puedo creer que me hayas quemado'. ¡Nunca le hice nada al fuego! ¿Por qué me trata así?'. El fuego y la mano son incompatibles. No se llevan bien".[3]

Como la naturaleza del fuego es quemar, y debido a que la naturaleza de Dios es consumir el pecado, entonces el hombre siendo pecador se convierte en un problema. La naturaleza de Dios y nuestra naturaleza también son incompatibles. No es una cuestión de si nuestro pecado es pequeño, y que por tal motivo pueda ser pasado por alto. Es porque "cualquier pecado", incluso el menor, no puede existir en su presencia.

Billy Graham da esta simple ilustración para mostrarnos cómo incluso un poco pecado corrompería y profanaría el cielo. Él declara: "Suponga que tuviera un barril de agua que hubiera sido filtrada y destilada hasta que no quedaran impurezas. Si alguien le pidiera que la bebiera, no dudaría en hacerlo. Pero supongamos que alguien pusiera una gota de aguas residuales en él. ¿La bebería? Claro que no. Lo mismo sucede con el pecado".[4]

21

¡Creo que entendemos la idea! Apocalipsis 21:27 dice: "No entrará en ella ninguna cosa inmunda, o que hace abominación y mentira".

Ahora, con respecto al siguiente punto, algunos intentan razonar que nuestros setenta u ochenta años de pecado en esta tierra no merecen una eternidad de castigo. Otra vez, creen que el castigo no parece corresponder al crimen. ¿Por qué es tan ofensivo para Dios nuestro pecado? La siguiente explicación espero nos dé una comprensión más clara de por qué. Ya que estamos pecando contra un ser supremo infinitamente poderoso y santo, *somos* realmente merecedores de castigo eterno.

Robert A. Peterson cita a Tomás de Aquino:

> "Ahora bien, un pecado que es contra Dios es infinito; entre mayor sea la persona contra quien se ha cometido, más grave es el pecado. Es más criminal atacar a un jefe de estado que a un ciudadano privado; y Dios es de infinita grandeza. Por lo tanto, el pecado cometido contra Él merece un castigo infinito".[5]

Para explicarlo todavía más, Christopher W. Morgan afirma: "Si un adolescente enojado golpea a su madre, merecería un castigo mayor que si golpeara a su hermano mayor. La relación y la parte ofendida sí importan. También es importante recordar que Dios no solamente es diferente de los seres humanos en jerarquía; también es diferente en ser. Si en un robo el pistolero dispara y mata al dueño de la casa, deberá recibir un castigo mayor que si mata al gato de la familia (¡sin importar lo mucho que este escritor ama a los gatos!). Por lo tanto, como es un pecado contra Dios, y Dios es infinitamente digno de obediencia, el pecado merece un castigo infinito".[6]

Por lo tanto, entre mayor sea contra quien se haya pecado, más grave es el pecado. Y nuevamente, si le miento a usted sería incorrecto, pero si le miento a la Suprema Corte de Justicia sería peor debido a su posición. Si piso un insecto y lo mato, no sería gran cosa, aunque sería tomar una vida. Si mato un perro o un gato, sería mucho peor. Sin embargo, si mato a un ser humano, sería mucho, mucho peor. ¡Matar a un ser humano merece un castigo mayor que matar un gato! ¿Por qué? Es debido a la mayor esencia del "ser". Bueno, Dios es infinitamente mayor en "posición" y en "ser", y, por lo tanto, pecar contra Él merece un castigo eterno. Se requirió que un Dios eterno muriera por nuestro pecado eterno. Romanos 7:13 dice: "…a fin de que por el mandamiento el pecado llegase a ser sobremanera pecaminoso". El pecado es sobremanera pecaminoso para Dios.

Como lo señala el doctor Chuck Missler:

> "Si no entendemos la magnitud del pecado por un lado; no podemos apreciar la Majestad de Dios del otro. Parte de la gravedad del pecado no es únicamente la parte intrínseca del pecado en sí mismo, sino contra quién se comete. Y cuando es contra un ser infinito, el pecado es contra el carácter de un ser infinito".[7]

Además de por qué nuestro pecado merece castigo eterno, también existen estos dos puntos. En primer lugar, si pasáramos, digamos, doscientos años en el infierno o una cierta cantidad de tiempo en pago por nuestros pecados, entonces eso sería considerado "obras". Una vez que nuestro tiempo se cumpliera, le estaríamos diciendo a Dios: "He pagado por mis pecados. Es hora de dejarme salir". Sin embargo, la Biblia dice que somos salvos por gracia, no por obras (Efesios 2:8-9). El tiempo es la premisa equivocada y nunca podría ser suficiente. El tiempo no puede pagar por los pecados; solamente la sangre derramada de un Dios eterno podría pagar por los pecados (Romanos 5:9; Hebreos 9:22; 1 Juan 1:7).

El segundo punto es este. Dios envió a su Hijo, lo más preciado, para morir por nosotros. Muchas personas rechazan lo que Dios más valora. Están, en esencia, diciéndole a Dios: "Yo no valoro a tu Hijo. No significa nada para mí, así que no me molestes con tu punto de vista. Tengo el mío propio". De hecho, la gente incluso utiliza el nombre de su Hijo como una palabra malsonante a lo largo de toda su vida. ¿Cómo se sentiría si usted entregara a su propio hijo para morir por alguien, y que esa persona blasfemara su nombre e incluso negara su existencia? Hebreos 10:29 dice: "¿Cuánto mayor castigo pensáis que merecerá el que pisoteare al Hijo de Dios…". Sigue diciendo: "¡Horrenda cosa es caer en manos del Dios vivo!" (v. 31).

Dios odia todo pecado, y aun así también hay diferentes grados de pecado. Jesús le dijo a Pilato en Juan 19:11: "El que a ti me ha entregado, mayor pecado tiene". En Mateo 23:14 Jesús menciona que los hipócritas recibirán "mayor condenación". En Proverbios 6:16-17 el Señor enumera seis cosas que odia: "Aun siete abomina su alma". Pero cualquier pecado nos excluirá del cielo.

No obstante, aunque Dios odia todo pecado, Él es un Dios de gran misericordia y gracia. Nos da muchas advertencias y tiempo para que cambiemos nuestros caminos. Le muestra al hombre su bondad, su paciencia, su benignidad y su perdón. Salmos 86:5 declara: "Porque tú, SEÑOR, eres bueno y perdonador, y grande en misericordia para con todos los que te invocan". Salmos 145:8-9 dice: "Clemente y misericordioso es JEHOVÁ, lento para la ira, y grande en misericordia. Bueno es JEHOVÁ para con todos, y sus misericordias sobre todas sus obras" (vea también Lucas 6:35; Romanos 15:5; Apocalipsis 1:9). Su deseo es ver que todos se arrepientan y lo reciban como su Señor y Salvador, y que entren al cielo (Juan 5:40; 6:40; 11:25-26; Hechos 2:21; Romanos 10:13; Efesios 2:8-9; 1 Timoteo 2:4-6; 2 Pedro 3:9). Él nunca va a obligar a nadie a creer en Él. En realidad, la única vez que Jesús usó la fuerza fue cuando echó *fuera* a la gente del templo

(Mateo 21:12; Marcos 11:15; Lucas 19:45; Juan 2:14-15). ¡Nunca obligó a nadie a entrar!

El Dr. Robert A. Peterson señala que Juan 3:16-18, explica el propósito de la venida de Jesús. Dice: "Dios no envió a su Hijo al mundo para condenar a los perdidos, sino para rescatarlos del infierno (v. 17). Aquí conocemos el corazón de Dios; Él ama a los pecadores y comisiona a su hijo como un misionero para alcanzarlos. Jesús viene a ellos en amor, ofreciendo salvación libremente a todos los que quieran recibirla. Los creyentes en Cristo no necesitan esperar el día del juicio para conocer el veredicto de Dios (v. 18). El Juez vino antes de ese día como el Salvador. En esta capacidad anuncia la sentencia del Último Día antes de tiempo. Todos los que confían en Jesús como Salvador, por lo tanto, han recibido ya el veredicto de Dios de ninguna condenación. Sin embargo, los incrédulos, reciben el veredicto opuesto: condenación (v. 18). Ellos tampoco necesitan esperar al Último Día; con base en su rechazo del Hijo de Dios pueden saber ahora que se dirigen hacia el infierno. ¡Oh que prestaran atención a la advertencia de Dios, se volvieran de sus pecados y aceptaran el regalo de la salvación de Jesús! El Hijo de Dios no vino al mundo a condenar a los pecadores al igual que los misioneros que van a otras culturas no condenan a la gente. En ambos casos la motivación para ir ¡es el amor!".[8]

Así que le pregunto: ¿Por qué cualquiera de nosotros debería ir al cielo? ¿Se siente con el derecho de ser admitido en ese lugar perfecto? Hoy muchos se sienten con el derecho de casi todo. Queremos el coche caro temprano en la vida. Queremos la casa linda y el trabajo que paga más dinero de inmediato, sin ganarnos nuestro avance. Esta mentalidad impregna nuestra cultura y también es llevada a los asuntos espirituales. Esperamos el cielo; como si nos lo meciéramos. ¡La verdad es que nadie se lo merece!

Billy Graham dice: "¿Por qué algunas personas creen que tienen un boleto pagado al cielo? Dan muchas respuestas [...] La primera es: 'Sólo mira todo lo que he hecho en la tierra. Mi puntaje es bastante bueno, comparado con algunos. Estaré en el cielo porque he vivido una buena vida'. Esa persona está en problemas. La Biblia dice: 'Por cuanto todos pecaron, y están destituidos de la gloria de Dios' (Romanos 3:23) [...] Nadie puede vivir una vida que sea 'suficientemente buena'. La Biblia dice: 'Porque cualquiera que guardare toda la ley, pero ofendiere en un punto, se hace culpable de todos' (Santiago 2:10). La segunda respuesta podría ser: 'Realmente no lo sé, y no estoy seguro de que me importe. Lo pensé un rato, pero había muchas otras cosas que parecían más importantes'".[9]

¿Hay solo un camino?

Algunas personas piensan que los cristianos son intolerantes al pensar que solamente hay un camino al cielo. Algunos van tan lejos como considerar estas creencias un crimen de odio. De alguna manera tuercen la verdad de "ser específico" hacia "tener prejuicios".

Si tenemos una enfermedad y acudimos a un médico, y él o ella explica que "solo hay una cura conocida, y aquí está la pastilla para la cura. Esto lo librará de la enfermedad", no le diríamos al doctor: "¡Me ofende! Debe haber más de un cura, y no voy a aceptar esta píldora". ¡No, por supuesto que no! Estaríamos agradecidos por la cura y con mucho gusto tomaríamos la medicina. De la misma manera, toda la humanidad tiene una enfermedad. Se llama "pecado" (Romanos 3:23; 5:8, 13-14, 17-19). Solamente hay un antídoto, y es Jesucristo (Juan 10:28; Hechos 4:12).

Nadie más ha pagado por nuestros pecados (Juan 12:47; 1 Corintios 15:3-4; 1 Timoteo 1:15, 2:4-6). Nadie más ha muerto en nuestro lugar y se ha levantado de entre los muertos. Simplemente reciba el antídoto, y será curado (Lucas 13:3; Romanos 10:9-10). ¿Por qué discutimos? Dios da instrucciones específicas a seguir con el fin de que lleguemos a su casa. ¿Cómo es que esto puede interpretarse como prejuicio?

Todos estamos acostumbrados a seguir direcciones en la vida. Tenemos nuestros dispositivos inteligentes y nuestros sistemas de navegación. Cuando se nos dan indicaciones para llegar a la casa de alguien, las seguimos específicamente. Entonces, ¿por qué es tan difícil seguir las instrucciones de Dios para llegar al cielo?

Supongamos que usted me invita a cenar a su casa, y me da las direcciones exactas a seguir para llegar. Me dice: "Vaya hacia el sur sobre la autopista 95, vire a la derecha en Main Street y luego proceda colina arriba, y llegará a mi casa. Es la única manera de llegar a mi casa". Entonces yo le digo: "No, creo que me voy a ir hacia el norte sobre la 95, luego viraré a la izquierda en MacArthur Boulevard, porque creo que todos los caminos llevan a su casa". Entonces usted me explicaría: "Así no va a llegar a mi casa. Estoy tratando de darle direcciones claras. Simplemente sígalas". De la misma manera, Dios nos da instrucciones claras para llegar a su casa. ¡Creo que Dios sabe donde vive! Todo lo que tenemos que hacer es seguir sus instrucciones claras y conseguiremos llegar allá. Dios no está siendo intolerante; está siendo específico. Está intentando hacer que lleguemos a su casa, y no mantenernos fuera.

Estamos acostumbrados a los detalles específicos. Si un avión va a volar, debe ser construido con un diseño muy específico. El ala debe ser configurada de cierta manera para generar ascenso. El motor debe tener cierto empuje para crear suficiente velocidad para generar el ascenso y así vencer la ley de la gravedad. La mayoría de las cirugías funcionan correctamente solamente de una manera. La mayoría de las cosas en la vida funcionan correctamente solamente de una forma. Así que, ¿por qué abandonamos completamente nuestras prácticas cotidianas cuando se trata de asuntos espirituales? Muchos dicen: "Lo que sea que crees que está bien para ti, y lo que yo creo también está bien".

Ahora este tipo de retórica y pensamiento suelto se debe a una falta de conocimiento. Nos enorgullecemos de poder hablar de cualquier tema y de ser considerados de mente abierta. Sin embargo, cuando se trata de asuntos bíblicos, muchos ni siquiera querrán hablar de ellos. Esta es una de las razones por las que hay tanta ignorancia generalizada sobre la forma de llegar al cielo.

3

¿Qué es la verdad?

PILATO ESTABA HABLANDO con Jesús justo antes de que fuera presionado para condenarlo a muerte. Jesús le dijo que su Reino no era de este mundo. Pilato le preguntó si Él era rey. Jesús le dijo que lo era, y continuó: "Yo para esto he nacido, y para esto he venido al mundo, para dar testimonio a la verdad. Todo aquel que es de la verdad, oye mi voz. Le dijo Pilato: ¿Qué es la verdad? Y cuando hubo dicho esto, salió otra vez a los judíos, y les dijo: Yo no hallo en él ningún delito" (Juan 18:37-38). Pilato sabía lo esquiva que era la verdad, pero debe haber creído que Jesús estaba, de hecho, diciéndole la verdad. Su pregunta sobre la verdad fue cínica, pero sintió que Jesús era honesto y que decía la verdad. Lo llevó a tratar de liberarlo. No obstante, la multitud insistió en que lo crucificara, que era lo que Dios había pensado desde el principio.

Nos hemos vuelto insensibles para saber lo qué es la "verdad" en la vida debido a lo común que es que las personas mientan o encubran la verdad. Si estamos comprando una casa o un coche nos mostramos escépticos porque mucha gente no divulga todos los hechos. Nuestros políticos muy a menudo no nos dicen la verdad. Jesús dijo esto en Juan 14:6: "Yo soy el camino, y la verdad, y la vida; nadie viene al Padre, sino por mí". Jesús claramente declara que Él es la verdad. Algunos creen que Dios no existe. Afirman que no se puede probar que Dios existe. Sin embargo, se han escrito muchos libros ofreciendo pruebas contundentes de que toda la Biblia es verdad. Menciono algunos comentarios de los expertos con respecto a la validez de la Biblia en el Apéndice B.

También hay algo más a tomar en cuenta: si alguien cree que Dios no existe, entonces no puede haber ninguna explicación sobre por qué el hombre tiene conciencia. ¿De dónde la habrá obtenido, puesto que ningún animal tiene tal cosa? ¿De dónde vinieron la ética y la moral? ¿Por qué tiene el hombre un corazón comprensivo, ya que ningún animal lo tiene? Dios le hizo esa pregunta a Job: "¿O quién dio al espíritu inteligencia?" (Job 38:36). ¡El hombre no puede responder esa pregunta aparte de Dios!

William Lane Craig explica: "Consideraremos, entonces, los valores morales. Si el teísmo es falso, ¿por qué creer que los seres humanos tienen valor moral objetivo? Después de todo, en la visión naturalista, los seres humanos no tienen nada especial. Solamente son subproductos accidentales de la naturaleza que han evolucionado relativamente recientemente de una partícula infinitesimal de polvo llamada planeta Tierra, perdido en algún lugar de un universo hostil y sin sentido, y que están condenados a perecer individual y colectivamente en un tiempo relativamente corto. La valuación de Richard Dawkins sobre el valor humano puede ser deprimente, pero por qué, en el ateísmo, está equivocado cuando dice: 'Finalmente no hay ningún diseño, no hay propósito, no hay mal, ni bien, nada sino indiferencia sin sentido [...] Somos máquinas de propagación de ADN'".[1]

El Dr. Craig continúa diciendo: "...son precisamente los humanistas mismos quienes buscan encontrar un lugar especial para la especie humana en el esquema de las cosas, los que se niegan a aceptar las implicaciones de reducir a los seres humanos a solo otra especie animal. Ya que los humanistas continúan tratando a los seres humanos como *moralmente* especiales en contraste con otras especies. ¿Qué justificación existe para tal tratamiento diferencial? [...] Dicho crudamente, en el punto de vista ateo, los seres humanos solo son animales, y los animales no tienen ninguna obligación moral el uno con el otro [...] ¿Por qué creer que si Dios no existe, tenemos alguna obligación moral de hacer algo? ¿Quién o qué nos impone estos deberes morales?".[2] En su mayor parte, nuestra sociedad ha puesto a un lado la verdad y ha declarado que no existen los absolutos. Sin embargo, al no definir lo que es correcto o equivocado, y bueno o malo, nos hemos colocado a nosotros mismos en la posición de ser rehenes de cada creencia fanática que aparezca. Y si no adoptamos las creencias personales de todo el mundo, se nos considera intolerantes.

Robert Jeffress lo dice de esta manera: "¿Por qué la búsqueda de la tolerancia ha sustituido la búsqueda de la verdad como el ideal más alto? Debido a la suposición incuestionable de que la verdad absoluta conduce al odio y a la opresión. Esa premisa es ya ampliamente aceptada hoy en el mundo académico. Por ejemplo, varios meses después de los ataques terroristas del 11 de septiembre de 2001, el expresidente, Bill Clinton, se dirigió a los estudiantes de la Universidad de Georgetown y dijo que los ataques eran en parte culpa de la 'arrogante santurronería' de los Estados Unidos. Si ambos lados pudieran darse cuenta de que no existe la verdad absoluta, tal vez esta catástrofe se podría haber evitado, sugirió Clinton. 'Nadie tiene la verdad [...] Somos incapaces de tener toda la verdad' [...] Esta satanización de quienes dicen tener la verdad absoluta se ha desparramado sobre el mundo del cristianismo evangélico. Una encuesta Gallup reveló que 88% de los cristianos evangélicos creen que la 'Biblia es la Palabra escrita de Dios y que es totalmente exacta en todo lo que enseña'. Sin embargo, de esos mismos evangélicos, 53% afirma que no existen verdades absolutas. ¿Por qué? Porque se han tragado la carnada, el anzuelo, la línea y el plomo de la premisa que dice que la exclusividad promueve el odio".[3]

Charles Colson escribe: "Art Lindsley [...] en su excelente libro *True Truth: Defending Absolute Truth in a Relativistic*

World [Verdad verdadera: La defensa de la verdad absoluta en un mundo relativista] [...] escribe: 'Así como la necesidad de relacionar la verdad con todos los ámbitos de la vida no nos hace relativistas, de la misma manera creer que existen algunos absolutos morales no nos hace absolutistas...'. Como escribe Lindsley: 'Los relativistas consistentemente son culpables del pecado filosófico de hacer excepciones a sus propias reglas absolutas'. Afirman que el cristianismo es una religión intolerante [...] que los cristianos no deberían imponer sus valores a los demás sino dejarlos elegir libremente sus propios sistemas de valores. ¿Pero de dónde sacan sus ideas de tolerancia y justicia —del bien y el mal en general— si realmente no creen en los absolutos morales? Sin tales ideas, ¿cómo puede alguien formular un sistema de valores significativo?".[4]

Un escritor dijo que un hombre no puede decir que una línea está torcida, a menos que tenga alguna idea de cómo es una línea recta. Carl F. H. Henry dijo: "Poner en duda la autoridad es una práctica que se tolera y promueve en muchos círculos académicos. Algunos filósofos, con un punto de vista totalmente secular, han afirmado que Dios y lo sobrenatural son conceptos imaginarios [...] se declara que todas las creencias e ideales son relativos a la época y a la cultura en que aparecen [...], rechazan la afirmación de la autoridad divina de la Biblia.

Tales pensadores [...] Afirmando que el hombre ha alcanzado la 'mayoría de edad' el secularismo radical defiende y apoya la autonomía humana y la creatividad individual. Se dice que el hombre es su propio señor, y el inventor de sus propios ideales y valores. Vive en un universo supuestamente sin propósito, que presumiblemente ha sido formado por un accidente cósmico. Por lo tanto, se declara a los seres humanos como totalmente libres para imponer en la naturaleza y en la historia cualquier criterio moral que prefieran".[5]

Algunos acusan a los cristianos de juzgar y condenar. No obstante, "juzgar" es encontrar a una persona culpable e implica castigo. La palabra *juzgar* significa "emitir un juicio sobre algo en un tribunal de justicia [...] dictar sentencia; condenar".[6] Los cristianos no fomentan el castigo por ningún medio. Un cristiano simplemente le informa a alguien la manera de *evitar* un castigo futuro, que podría ser llevado a cabo por Dios y no por el cristiano. Y Dios no quiere castigar al malhechor; ¡quiere perdonarlo!

Este es simplemente un mensaje de advertencia, que es un mensaje de amor. ¿Qué padre amoroso no le advertiría a sus hijos que no jugaran en una calle muy transitada? Dios nos está dando una advertencia, porque ama a todo el mundo y quiere que vengamos a vivir a su casa. Él no obliga a nadie, y tampoco el cristiano. Es la elección de cada persona.

Como señala Franklin Graham: "Jesús fue maravillosamente tolerante en la forma en la que trató con la gente, tal y como podemos verlo en la ocasión en que conoció a la mujer samaritana. Los judíos durante ese tiempo tenían poco que ver con los despreciados samaritanos. Pero Jesús no participó en lo que podría haber sido un prejuicio racial o sexual 'políticamente correcto'. Fue compasivo y tolerante hacia el pecador, pero sabía marcar un límite cuando se trataba del pecado en la vida de una persona [...] Jesús habló con compasión y comprensión, y le explicó las verdades espirituales tan bien que ella dejó su cántaro de agua y entró a la ciudad y les dijo a los hombres lo que había sucedido y gran parte de la ciudad vino a conocer a Jesús [...] Los seguidores de Jesús asumieron que Él podría querer aplastar a aquellos que no estaban de acuerdo con Él. Pero, en cambio, Jesús fue tolerante y trató a los de otras religiones con bondad y amor".[7]

La conclusión es que muchos no quieren que se les diga que hay verdades y absolutos en la vida porque los hace responsables por sus acciones. Hay consecuencias para nuestras elecciones, pero muchas personas creen que son "buenas" y que, por lo tanto, merecen lo bueno. Consideran tener derecho a recibir cosas "buenas" en la vida, y esperan lo mismo después de la muerte; sin darse cuenta de que "ser buenos" no llevará a nadie al cielo. Charles Colson dice: "Debemos pedirle a la gente que enfrente una elección difícil: escoger una visión del mundo que sostiene que somos intrínsecamente buenos o una cosmovisión que reconoce un estándar trascendente y nuestra responsabilidad delante de un Dios Santo por nuestro pecado. La primera opción eventualmente conduce a la anarquía moral y abre la puerta a la tiranía; la segunda opción hace posible una sociedad ordenada y moralmente responsable. Cuando el teólogo judío, Dennis Prager, da discursos, a menudo le pide al público que se imagine que está caminando por un callejón oscuro de la ciudad por la noche y que de repente ven venir hacia ellos un grupo de jóvenes. Prager entonces pregunta: '¿Se sentiría asustado o aliviado de ver que llevan Biblias y que acaban de salir de un estudio bíblico?'. El público invariablemente se ríe y admite que se sentirían aliviados. El compromiso con la verdad bíblica conduce a un comportamiento más civil".[8]

Como señaló cierto escritor: la verdad está siendo privatizada. En la sociedad actual aquello que sea verdad para uno no debería ser considerada una falsedad por los demás. Si una persona o grupo defiende una cierta verdad que se opone a la de otros, se consideraría intolerancia.

Sin embargo, si la verdad se privatiza, tenemos aproximadamente siete mil millones de opiniones de lo que es la verdad. Jesús dijo que Él es "La Verdad". Si no aceptamos este hecho, nuestra nación se desmoronará. Los principios de la Biblia nos enseñan que todos han sido creados iguales y que la libertad es para que todos la puedan disfrutar. En la Biblia no hay prejuicios. Además, el cristianismo no obliga a nadie a que tenga sus creencias.

Se nos enseña a respetar las creencias y las opiniones de todos, pero a no a tolerar la agenda maligna de nadie. No deberíamos temer o sentirnos intimidados de defender nuestras convicciones. Los extremistas le imponen sus agendas malignas a los demás que en algún momento no están de acuerdo con ellos, pero que no expresan su desacuerdo por miedo a ser considerados intolerantes. La gente trata a la tolerancia en estos días como si fuera una virtud. La tolerancia no debe confundirse con el respeto. Deberíamos respetar a todos pero ser intolerantes con el mal. Jesús no toleraba el mal. Él dijo: "Mas ¡ay de vosotros, escribas y fariseos, hipócritas! porque cerráis el reino de los cielos delante de los hombres; pues ni entráis vosotros, ni dejáis entrar a los que están entrando [...] ¡Ay de vosotros, escribas y fariseos, hipócritas! porque recorréis mar y tierra para hacer un prosélito, y una vez hecho, le hacéis dos veces más hijo del infierno que vosotros" (Mateo 23:13, 15). Condenó a los escribas y fariseos por causar que la gente se fuera al infierno, como lo estaban haciendo.

En Apocalipsis 2:2 Jesús elogia a la iglesia de Éfeso, porque, como Él dijo: "Sé que no toleras a la gente malvada..." (NTV). Los felicitó por no tolerar el pecado, pero en Apocalipsis 2:20 condenó a la iglesia de Tiatira, diciendo: "...toleras que esa mujer Jezabel [...] enseñe y seduzca a mis siervos a fornicar". Aquí Jesús está diciendo que está mal tolerar el pecado sexual, y que está bien ser intolerantes hacia el mal. Esto es justamente lo contrario de lo que ocurre en la sociedad actual.

John Adams dijo: "¡Supongamos que una nación en una región distante debiera tomar la Biblia como su único libro de leyes, y que cada miembro debiera regular su conducta por los preceptos allí expuestos! Cada miembro estaría obligado por su conciencia a la templanza, a la frugalidad y a ser industrioso; a la justicia, la bondad y la caridad hacia sus semejantes; y a la piedad, el amor y la reverencia hacia el Dios Todopoderoso [...] Qué utopía, qué paraíso sería esta región".[9]

Un artículo escrito por MSNBC en 2004 declaraba: "La creencia en el infierno impulsa el crecimiento económico, dice la Reserva Federal". El artículo mismo afirma: "El miedo al inframundo es un desincentivo para la maldad [...] Al buscar las razones por las que algunos países son más ricos que otros, los economistas han descubierto que los que tienen una amplia creencia en el infierno son menos corruptos y más prósperos, según un informe elaborado por el Banco de la Reserva Federal de San Luis [...] El Banco de San Luis se basó en el trabajo realizado por economistas externos quienes estudiaron 35 países, incluyendo a los Estados Unidos, las naciones europeas, Japón, India y Turquía y encontraron que la religión arroja cierta luz útil".[10]

La creencia incluso en solamente una doctrina de la Biblia provoca que una nación sea menos corrupta: "Aférrense a la Biblia como el áncora de sus libertades; escriban sus principios en sus corazones y pónganlos en práctica en su vida".[11]

Están quienes dicen que la sociedad ha cambiado y que ha evolucionado hasta darse cuenta de que la Biblia y sus enseñanzas no están en contacto con nuestro mundo moderno. Afirman que debemos crecer con la opinión popular y volvernos más relativistas. Sin embargo, he aprendido que las opiniones cambian, pero no la verdad. Un escritor dijo: "La verdad no cambia según nuestra capacidad de soportarla".[12]

Recuerdo que cuando era joven, si le preguntaba a la mayoría de la gente cuál es la capital del estado de Nueva York, contestaban: "Nueva York". Pero no porque mucha gente lo crea hace que sea correcto. Hubo un tiempo cuando la ciencia creía que la tierra era plana. Hubo un tiempo, hasta 1845, cuando se pensaba que era innecesario que un cirujano en un hospital se lavara las manos. ¡Era absurdo! Hubo un tiempo cuando se pensaba que la célula era simple. Grant R. Jeffrey escribe: "En 1963, los científicos finalmente penetraron los misterios iniciales de la pared celular [...] George Palade, un profesor del Instituto Rockefeller en Nueva York [...] se sorprendió al descubrir un sistema increíblemente complejo e intrincado a lo largo del protoplasma".[13] La gente cambia, las opiniones cambian y la moral cambia, pero la verdad nunca cambia. La Biblia ha establecido estas verdades, y sin la Biblia no habría ninguna norma ni autoridad para la verdad. Nuestras leyes se basan en los Diez Mandamientos, así que sí tenemos absolutos establecidos en la Palabra de Dios. Y estos principios bíblicos son de beneficio para todos. Sin embargo, como cristianos también necesitamos tener la actitud correcta, como Jesús, que ayudará a convencer a cualquier persona a considerar aceptar la autoridad bíblica. Es con una actitud humilde que deberíamos abordar a quienes se oponen a nosotros y no una actitud de condenación. El comportamiento de Cristo siempre es la defensa más eficaz de las verdades de la Biblia.

Rod Parsley afirma: "No aceptamos la cosmovisión bíblica para sentirnos engreídos y superiores por nuestra ortodoxia. Lo hacemos así para poder inclinarnos a donde la gente está luchando y, desde una posición de fuerza, ayudarla. Debemos poseer una comprensión clara de las formas en que la gente es engañada, no para que la podamos condenar, sino para poder razonar con ella".[14]

Así que, ¿hacia dónde nos dirigimos? El abogado, Charles Crismier, lo resume muy bien: "La verdad yace pisoteada en las calles de una nación cuyo primer presidente 'no podía decir una mentira' [...] De modo que la vida vira bruscamente hacia un mar interminable y tumultuoso que no tiene absolutos apropiados para el anclaje, y no tenemos brújula con la cual obtener una perspectiva clara y no hay mapas con los cuales trazar nuestro rumbo. Nos estamos hundiendo imprudentemente y casi frenéticamente en aguas inexploradas, ajenos hacia dónde nos dirigimos. Juntos, hemos sido soltados en el mar de la relatividad, y estamos en necesidad desesperada de luz desde el faro de Dios: la verdad de un Dios que no cambia con cada vacilación de la experiencia humana, una verdad que nos puede ayudar a alejarnos de los bancos de arena que amenazan la inminente destrucción personal y nacional [...] Navegar a la deriva conduce a la decadencia, como atestiguan las siguientes estadísticas.

"Noventa y uno por ciento de nosotros mentimos regularmente, diciendo mentiras premeditadas y conscientes...

"Sólo trece por ciento de nosotros cree en todos los Diez Mandamientos. No hay absolutamente ningún consenso moral en el país.

"Treinta y tres por ciento de todos nuestros niños nacen fuera del matrimonio.

"Ochenta por ciento de nuestros niños en nuestras ciudades más grandes son ilegítimos".[15]

Podría citar muchas estadísticas alarmantes más, y la tendencia continúa a medida que nuestra nación se vuelve cada vez menos piadosa. La línea recta de la verdad se ha vuelto borrosa, e incluso se ha borrado en muchos casos. La Biblia lo dice así en Isaías 5:20: "Ay de los que a lo malo dicen bueno, y a lo bueno malo; que hacen de la luz tinieblas, y de las tinieblas luz...". Salmos 94:20 dice: "¿Se juntará contigo el trono de iniquidades que hace agravio bajo forma de ley?". En otras palabras, cuando el malvado quiere promover su agenda maliciosa hace una ley con el fin de hacer valer su maldad.

Primera de Corintios 13:6 dice: "El amor no se deleita en la maldad sino que se regocija con la verdad" (NTV).

Charles Colson afirma: "Los cristianos deben cultivar audazmente una cosmovisión bíblica, desmantelando la noción postmoderna de que la verdad es cualquier cosa que se 'sienta bien'".[16]

Una vez que alguien individualmente, o que toda una sociedad, rechaza la verdad, abrazará cualquier doctrina tonta que aparezca. Segunda de Timoteo 4:4 declara: "Y apartarán de la verdad el oído y se volverán a las fábulas". Despertémonos y defendamos la justicia, resistamos el mal, hagamos que la Biblia regrese a nuestras escuelas y salvemos a esta gran nación en la que vivimos.

4

¿Informado o ignorante?

MARK TWAIN ALGUNA vez bromeó con que: "Todos somos ignorantes; lo único es que es en diferentes cosas".[1] Thomas Edison declaró: "No sabemos la millonésima parte del uno por ciento de nada".[2] ¿Cuántas veces nos hemos convencido de algo y luego más tarde descubrimos que estábamos en un error? Incluso la ciencia ha declarado algunas cosas como si fueran hechos, y a medida que el hombre ha adquirido más conocimiento, ha descubierto estar equivocado. John D. Morris, Ph.D. declara: "Hoy podemos ver cómo el concepto de la evolución se autodestruye. Nunca ha sido bien apoyado por la evidencia, y ahora muchos científicos se están atreviendo a señalar sus debilidades. Muchos han reconocido la incapacidad total del azar y de los procesos aleatorios de producir la increíble complejidad que vemos a nuestro alrededor; especialmente en los sistemas vivos".[3]

Al observar el diseño del universo —y de toda la creación— deberíamos reconocer que obviamente debe haber un diseñador (Romanos 1:19-21). Hasta donde sabemos, nuestra Tierra es el único planeta con vida en él, y cada aspecto ha sido finamente ajustado para nuestro beneficio. Mire el notable nacimiento de un bebé o la complejidad de la célula humana (Salmos 139:14). Lee Strobel cita al Dr. Walter L. Bradley con respecto a la supuesta simplicidad de la célula. Afirma que: "…un organismo unicelular es más complicado que cualquier cosa que hemos podido recrear a través de las computadoras más excelentes".[4]

Considere el diseño del cuerpo humano, con su equilibrio simétrico, su capacidad de curarse a sí mismo y sus notables capacidades. ¿Fue esto causado por una serie de accidentes? Considere el increíble diseño del ojo humano. Grant R. Jeffrey cita a Charles Darwin, quien "él mismo admitió que [...] 'Para suponer que el ojo con todas sus características inimitables que ajustan el foco a diferentes distancias, para admitir diferentes cantidades de luz y para la corrección de la aberración esférica y cromática, podría haber sido formado por selección natural, parece, libremente confieso, absurdo en el grado más alto'".[5] Grant continúa diciendo: "Quedamos generalmente impresionados cuando los ingenieros civiles son capaces de alinear correctamente dos túneles de treinta metros de ancho excavados desde lados opuestos de una montaña y que se encuentran precisamente en el centro de la montaña. Sin embargo, cada día, nacen cientos de miles de niños con la capacidad de ver, cuyos cuerpos han alineado con precisión un millón de nervios ópticos que crecen a partir de cada ojo para encontrarse con sus terminaciones correspondientes del nervio óptico que crecen desde el cerebro del bebé. Quien crea que este milagro de diseño sucede por casualidad probablemente todavía cree en Santa Claus".[6]

Mire esta característica que menciona la Biblia sobre la sangre. Nuevamente, Grant Jeffrey: "Hace miles de años, Moisés escribió estas palabras en la Biblia que revelan conocimientos científicos y médicos mucho más avanzados a su época: 'Porque la vida de la carne en la sangre está' (Levítico 17:11). ¿Cómo podría haber sabido Moisés hace tres mil años, lo que los médicos no conocían hasta el descubrimiento del británico, Dr. William Harvey, en 1616, sobre el papel esencial de la circulación de la sangre en la función de la vida".[7]

Dios le dijo a Abraham que circuncidara a los varones recién nacidos el octavo día (Génesis 17:12). ¿Por qué el octavo día? "El octavo día, la cantidad de protrombina presente realmente se eleva por encima de cien por ciento de lo normal, y es el único día en la vida del hombre en que ese será el caso en condiciones normales. Si se ha de realizar la cirugía, el octavo día es el día perfecto para hacerlo. Los niveles de vitamina K y protrombina están a su máximo".[8] "Parece ser (con base en la investigación) que en el octavo día después del nacimiento, el bebé cuenta con más protrombina que ningún otro día de su vida, haciendo del octavo día el mejor momento para la circuncisión".[9]

Considere la inmensidad y la precisión del universo (Salmos 147; Isaías 40:12; 48:13). Observe la tierra: ¿Qué la está haciendo girar en una manera tan precisa y uniforme? (vea Génesis 8:22). ¿Qué pasaría si variara solo una fracción de un grado en ángulo o variara su velocidad de giro? Se desarrollarían tormentas catastróficas. ¿Cómo es que la tierra simplemente cuelga sobre nada (Job 26:7, 38:4; Salmos 104:5)? La ciencia pensó que la tierra era plana por muchos siglos. Sin embargo, Dios nos dijo que era redonda ochocientos años antes de que Cristo naciera (Isaías 40:22). ¿Qué impide que los vastos océanos avancen sobre la tierra (Génesis 9:11; Job 38:11; Salmos 104:9; Proverbios 8:29)? Y aquí hay otro punto interesante: El hombre no supo acerca de las fuentes del mar hasta aproximadamente la década de 1970, según el Dr. Steven A. Austin.[10] No obstante, Dios nos dijo sobre ellos en Job 38:16, hace más de tres mil años. También están las corrientes de agua o los senderos que corren por los mares. Estos no fueron descubiertos completamente sino hasta los años de 1800. Sin embargo, Dios le dijo a Isaías y a David acerca de estos senderos hace tres mil años (Salmos 8:8; 77:19; Isaías 43:16). Dios también le dijo a Salomón acerca de los giros del viento (Eclesiastés 1:6), que la ciencia no entendía hasta hace poco. Otra cosa que Dios le dijo a Job fue que la luz podía repartirse, como un láser (Job 38:24). Además, el hombre creía hasta hace poco que la oscuridad era simplemente la ausencia de luz. Sin embargo, Dios dice que la oscuridad tiene un lugar (Job 38:19), como posiblemente un agujero negro en el espacio. Además, Job 37:9 declara: "Del sur viene el torbellino … ". ¿Cómo podría haber sabido Job que los huracanes se originan en el sur? En Job 36:27-28, Dios le dijo a Job acerca de la lluvia: "Él atrae las gotas de las aguas, al transformarse el vapor en lluvia, la cual destilan las nubes, goteando en abundancia sobre los hombres". ¿Cómo podría haber sabido Job que el agua en las nubes se destila? La mayor parte del vapor de agua proviene de los océanos, que está llena de sal, y si no fuera destilada, mataría la vida vegetal y el hombre no la podría beber. "En la naturaleza, el sol evapora agua en el aire, donde se eleva y es capturada por las nubes. Con las temperaturas más frías de las nubes, el agua evaporada (vapor) se condensa de vuelta en agua y cae de regreso a la tierra como lluvia de agua pura".[11]

"Un estudio reciente realizado por el Departamento de Agricultura de los Estados Unidos demostró que la mayoría del agua que se forma en las nubes en todo el mundo proviene de la evaporación de las aguas se encuentran en los océanos".[12] En Génesis 6:14-16 Dios le dio a Noé las dimensiones del arca para que la construyera. "En 1609 en Hoorn, Holanda, se construyó una nave siguiendo ese mismo patrón, y esto revolucionó la construcción naval. Para 1900 cada buque en alta mar estaba inclinado hacia las proporciones del arca (como fue verificado por el 'Registro Naviero de Lloyd' en el *Almanaque Mundial*).[13] En Job 38:35 Dios le pregunta a Job: "¿Enviarás tú los relámpagos, para que ellos vayan? ¿Y te dirán ellos: Henos aquí?". Un relámpago es electricidad. Nuestras voces son llevadas por la electricidad a través del teléfono, y en el otro extremo de la línea se escucha nuestra voz.

Observe el reino animal, la vida vegetal e incluso las muchas especies de peces. Hay un diseño intrincado y delicado en cada forma de vida particular. Hay aves que vuelan a ciertas islas para procrear. Hay ballenas que recorren grandes distancias para llegar a cierta área cada año. ¿Quién los programó para que supieran estas cosas?

Considere las leyes de la gravedad, magnetismo, electricidad, el equilibrio de las capas de ozono y así sucesivamente. Los científicos indican que si cualquiera de estas cosas se desequilibrara incluso en la cantidad mínima, la vida dejaría de existir. ¿De dónde vino ese delicado equilibrio? ¿Qué hay acerca de toda la variedad de alimento que crece con el fin de sostener la vida; y que incluso es bueno al paladar? ¡Otra coincidencia, supongo!

Mire la existencia de los géneros masculinos y femeninos en casi todas las especies, diseñados para procrear. ¿Cómo pasó eso solo por casualidad? Hay demasiadas de estas coincidencias convenientes para creer que todo sucedió por accidente. La ciencia nos dice que al principio no había nada, y que entonces un día, ¡la nada explotó! ¿Qué tan científica es esta declaración?

Sabemos que la rana que se convierte en un príncipe es un cuento de hadas. Sin embargo, la ciencia nos dice que un simio, o incluso peor, una ameba babosa, o peor aún, la nada, ¡un día explotó y se convirtió en un hombre! La manera en que los científicos nos llevan a tragarnos este cuento de hadas es simplemente diciéndonos que tardó millones de años. Le añaden "tiempo" a los ingredientes y entonces la gente lo compra. Creemos que de alguna manera todo este orden surgió durante un largo período de tiempo. Sin embargo, si estudia los hechos, el tiempo es en realidad un enemigo del orden y el progreso. "El universo [...] está decayendo [...] cada sistema tiende a desordenarse [...] Y la segunda ley (de la termodinámica) dice que el desorden o la aleatoriedad tiende a aumentar".[14]

Los evolucionistas ignoran esta ley fundamental de la física porque contradice su teoría. La Biblia declara que hay un Creador, y que es obvio que hay un diseño inteligente en todo lo que vemos. Quien lo niegue, según Dios es llamado necio (Salmos 14:1; 53:1). El profesor Paul C. W. Davies lo dice de esta manera: "Alternativamente las coincidencias numéricas podrían ser consideradas evidencia de diseño. El delicado y fino ajuste de los valores de las constantes, necesario para que las distintas ramas de la física puedan encajar tan felizmente, podría atribuirse a Dios. Es difícil resistirse a la impresión de que la estructura actual del universo, aparentemente tan sensible a pequeñas alteraciones en los números, ha sido más bien cuidadosamente planeada".[15]

El astrónomo, Dr. Paul Davis, dijo: "Para mí existe evidencia poderosa de que hay algo que está en operación detrás de todo [...] Parece ser como si alguien hubiera ajustado finamente los números de la naturaleza para hacer el universo [...] La impresión del diseño es abrumadora".[16]

Sir Fred Hoyle, un evolucionista comprometido, dijo: "Una interpretación de sentido común de los hechos [con respecto a los niveles de energía en el carbono 12 y el oxígeno 16] sugiere que una superinteligencia ha interferido con la física, así como con la química y la biología, y que no hay fuerzas ciegas de las que valga la pena hablar en la naturaleza".[17]

"Aunque el profesor Robert Jastrow es agnóstico admite que 'el universo se construyó dentro de límites muy estrechos, de tal manera que el hombre pudiera habitar en él. Este resultado es llamado el principio antrópico. Es el resultado más teísta que ha salido de la ciencia, en mi opinión'".[18]

El astrónomo Alan Sandage escribió: "Me parece bastante improbable que tal orden haya salido del caos. Tiene que haber un principio de organización. Para mí Dios es un misterio, pero es la explicación para el milagro de la existencia, de por qué hay algo en lugar de nada".[19]

Algunos dicen que todos los que aparecen en la Biblia eran ignorantes o indoctos. Claramente, ese no es el caso. A lo largo de la historia la gente ha sido relativamente inteligente. Hay también muchas personas brillantes y exitosas mencionadas en la Biblia que creyeron en Jesucristo como Señor y Salvador o, en el Antiguo Testamento, que estaban esperando a ese Salvador (Génesis 15:6; Salmos 49:15; 51:1-5; Isaías 25:8; 45:22; Oseas 13:4). Estos son solo algunos de ellos:

» Abraham tenía trescientos siervos capacitados en su casa (Génesis 13:6; 14:14). Era muy rico en mucho ganado, plata y oro (Génesis 13:2; 24:35). Tenía tanto que él y Lot no podían morar juntos en la tierra. Abraham fue llamado "amigo de Dios" (2 Crónicas 20:7; Isaías 41:8; Santiago 2:23). Él es el padre de la fe, como fue demostrado en la prueba máxima de su fe en Dios (Génesis 22:2, 9-12; Hebreos 11:17). Dios lo escogió porque Dios dice en Génesis 18:19: "Porque yo sé que mandará a sus hijos y a su casa después de sí, que guarden el camino de Jehová, haciendo justicia y juicio". ¡Eso no suena como un hombre insensato o ignorante!

» José fue el segundo al mando en todo Egipto, designado por faraón mismo. Faraón dijo que no había ninguno tan sabio como José. También era un hombre sumamente próspero, y el Señor es el que lo prosperaba (Génesis 39:2-5, 41:39-46; Hechos 7:10).

» Moisés fue capacitado en toda la sabiduría de Egipto (Hechos 7:22). Dirigió a más de tres millones de personas para que salieran de Egipto. Fue llamado compañero de Dios (Éxodo 33:11). Solo dos personas fueron alguna vez llamadas amigos de Dios en el Antiguo Testamento y Moisés era uno de ellos. Juzgaba a todo el pueblo con sabiduría, y le traían todos los casos difíciles, después de que puso a otros debajo de él para ayudarlo a juzgar al pueblo (Éxodo 18:13-26). Su nombre es mencionado 848 veces en la Biblia. Éxodo 11:3 dice que "también Moisés era tenido por gran varón en la tierra de Egipto". Él es el único hombre que alguna vez vio la espalda de Dios (Éxodo 33:23), porque "no podrás ver mi rostro; porque no me verá hombre, y vivirá" (Éxodo 33:20). Es la única persona en la Biblia, excepto Jesús, que ayunó cuarenta días sin comer ni beber, y esto causó que su cara de hecho brillara (Éxodo 34:28-30). Por supuesto, nunca ha habido obras tan poderosas hechas por Dios a través de un hombre como las diez plagas de Egipto (Éxodo 6:6; 7-12). Dios también le dio los Diez Mandamientos (Éxodo 20). Dios dijo esto acerca de Moisés: "Has hallado gracia en mis ojos, y te he conocido por tu nombre" (Éxodo 33:17).

» Josué fue un general militar y el gran líder de millones de personas (Éxodo 17:10; Deuteronomio 31:7; 34: 9; Josué 2:24; 8:3-4; 11:12). Tenía unos zapatos bastante grandes que llenar, ya que él asumió el mando después de Moisés. Obedeció la estrategia de Dios de marchar alrededor de Jericó, y de no pelear, y los muros cayeron. En otro momento quiso más luz para ganar la batalla. Estaba luchando contra cinco reyes y sus ejércitos, así que "entonces Josué habló a JEHOVÁ [...] y dijo en presencia de los israelitas: Sol, detente". Mandó al sol que no bajara, justo delante de todos ellos. Y Dios lo hizo por él (Josué 10:12-14). Era audaz, y tenía confianza en el Señor. También el Señor dijo de él que estaba lleno del espíritu de sabiduría, y el Señor lo engrandeció (Números 27:18; Josué 4:14; 34:9).

» David fue un brillante estratega militar (que mató a sus diez miles [1 Samuel 18:7-8]). Fue audaz y valiente, cuando luchó contra un león y un oso (1 Samuel 17:34-37). También audazmente declaró que podía matar a Goliat y le dijo que tomaría su cabeza. Y lo hizo (vv. 45-46). Es considerado el rey más grande alguna vez gobernó a Israel. Primero de Samuel 18:14 declara: "Y David se conducía prudentemente en todos sus asuntos, y JEHOVÁ estaba con él". La Biblia declara que el trono de David fue establecido para siempre, y Jesús es descendiente de David (1 Reyes 2:45; Apocalipsis 22:16). Dios dijo que David era un "varón conforme a mi corazón" (Hechos 13:22).

» El rey Salomón fue el hombre más sabio y más rico que jamás vivió, o vivirá alguna vez (2 Crónicas 1:12; 1 Reyes 3:12-13; 4:29-30). Segundo de Crónicas 9:1-6 declara: "Oyendo la reina de Sabá la fama de Salomón, vino a Jerusalén con un séquito muy grande [...] para probar a Salomón con preguntas difíciles [...] Pero Salomón le respondió a todas sus preguntas, y nada hubo que Salomón no le contestase. Y viendo la reina de Sabá la sabiduría de Salomón, y la casa que había edificado [...] [y todo lo que tenía] dijo al rey: Verdad es lo que había oído en mi tierra acerca de tus cosas y de tu sabiduría [...] y he aquí que ni aun la mitad de la grandeza de tu sabiduría me había sido dicha; porque tú superas la fama que yo había oído".

» Daniel fue primer ministro de ascendencia real. Tenía gran sabiduría y habilidad en todo conocimiento dadas por Dios, diez veces más que el más sabio de toda la tierra (Daniel 1:3-6, 17, 20; 2:48). Tuvo un espíritu excelente y fue preferido por encima de todos los gobernadores y príncipes, y también por el rey Darío (Daniel 6:2-3). Daniel creía y confiaba en Dios, y Dios lo libró del foso de los leones (Daniel 6:16-26).

» Los profetas pasaron mucho de su tiempo en oración a Dios, quien es el único dador de la verdadera sabiduría (Santiago 1:5). Los profetas también pasaban tiempo con el rey y otros gobernantes, quienes eran, en su mayor parte, gente no ignorante. Muchos hicieron grandes hazañas para Dios, y aconsejaron a reyes con sabiduría de lo alto.

» Mateo era un recaudador de impuestos (Mateo 9:9) y, por supuesto, escribió el libro de Mateo. Jesús cenó en su casa una noche (Mateo 9:10).

» Lucas era "el médico amado" (Colosenses 4:14), y escribió el Evangelio de Lucas y el libro de Los Hechos.

» Pablo era un rabino y fue entrenado por el maestro más educado de su época, Gamaliel (Hechos 5:34; 22:3). Escribió dos tercios del Nuevo Testamento. Muchos eruditos declaran que sus escritos están tan inteligentemente escritos, que no tiene comparación con ninguno de los más grandes escritores de todos los tiempos. Por supuesto, todas las palabras de la Biblia son inspiradas por Dios (2 Timoteo 3:16).

La Biblia afirma que "el temor de Jehová es el principio de la sabiduría" (Proverbios 9:10). Alguien podría tener mucha preparación académica; o incluso ser brillante. Pero si no cree en Dios, no tiene siquiera el principio de la sabiduría (Santiago 3:13-17).

¿Por qué, como gente bien preparada, estamos dispuestos a hablar sobre casi cualquier tema, excepto la Biblia? Si no hablamos de un tema y no lo investigamos, permaneceremos ignorantes y desinformados. ¿Por qué nos resistiríamos a adquirir conocimiento sobre algo que involucra nuestro destino eterno? También, ¿por qué la mención de la Biblia hace que muchas personas incluso se enojen? Si solo es un cuento de hadas escrito por gente sin preparación, entonces, ¿por qué tantos se esfuerzan por eliminarla de la sociedad? Puedo decirle por qué. Es porque la Biblia redarguye a la gente de su pecado. Muchos no quieren que se les diga que lo que están haciendo es pecado. Afirman que los hace sentirse culpables. Bueno, ¡justo ese es el punto! Todos somos culpables. Todos necesitamos un Salvador, porque todos hemos pecado (Salmos 51:1-5; 143:2; Romanos 3:10, 12, 23; 5:12; Gálatas 3:22).

Muchos llegan a reconocer que tienen "problemas", pero por favor no lo llamen "pecado", dicen. Bueno, Jesús lo llamó pecado (Juan 5:14; 8:11; 16:8). Llamarlo pecado nos hace responsables y culpables ante la autoridad suprema, Dios Todopoderoso. Charles Finney escribió: "Todos los hombres saben que han pecado, pero no todos son redargüidos de la culpa y el desmerecimiento por el pecado".[20]

¡Si la gente solo pudiera entender que lo que Dios nos instruye es por nuestro propio bien! Los mandamientos de Dios no son para restringirnos, sino para protegernos y liberarnos.

Billy Graham dijo: "Los Diez Mandamientos nos dicen que no codiciemos o tengamos malos deseos. Sin embargo, toda ley moral es más que una prueba; es por nuestro propio bien. Cada ley que Dios ha dado es para nuestro beneficio. Si una persona la rompe, no solamente se está rebelando contra Dios, se está lastimando a sí mismo. Dios dio 'la ley', porque ama al hombre. Es para beneficio del hombre. Los mandamientos de Dios fueron dados para proteger y promover la felicidad humana, no para restringirla".[21]

A. W. Tozer dijo: "Los hombres y las mujeres rechazan este mensaje por la misma razón que han rechazado la Biblia. No desean estar bajo la autoridad de la Palabra moral de Dios".[22]

Charles Colson afirmó: "El cristianismo da una ley moral absoluta que nos permite juzgar entre el bien y el mal [...] Sin absolutos morales, no hay ninguna base real para la ética. Una ley moral absoluta no confina a la gente a una camisa de fuerza de mojigatería victoriana. La gente siempre debatirá los límites de la ley moral y sus diversas aplicaciones. Pero la misma idea del bien y del mal tiene sentido solamente si hay un estándar final, una vara de medición, por la cual podemos hacer juicios morales".[23]

El hombre más sabio que haya vivido fue el rey Salomón (2 Crónicas 1:12), sin contar a Jesús, y Salomón fue también el hombre más rico que haya vivido. Reconoció el valor incalculable e incomparable de la Palabra de Dios por encima de todo lo demás. Él había logrado más que cualquier otro ser humano en la historia, y había experimentado todo lo que la vida tenía que ofrecer. Finalmente, hacia el final de su vida, hizo una declaración muy sabia. Dijo en Eclesiastés 12:13: "El fin de todo el discurso oído es este: Teme a Dios, y guarda sus mandamientos; porque esto es el todo del hombre". ¡Una declaración verdaderamente profunda! Sin embargo, la mayoría no se adhiere a su perspicaz consejo. Escribió mucho en el libro de Proverbios sobre la importancia de seguir la Palabra de Dios; tanto personalmente como en la sociedad. David también escribió muchos versículos con respecto a lo mismo. Aquí están algunos de esos versículos:

Salmos 33:12: "Bienaventurada la nación cuyo Dios es JEHOVÁ".

Salmos 122:6: "Pedid por la paz de Jerusalén; sean prosperados los que te aman". Como nación, prosperaremos si seguimos apoyando a Israel (Génesis 12:3).

Proverbios 11:11: "Los ciudadanos íntegros son de beneficio para la ciudad y la hacen prosperar, pero las palabras de los perversos la destruyen" (NTV).

Vea también Proverbios 11:14; 14:34; 16:7; 18:15; 20:26, 28; 28:4; 29:2; e Isaías 66:10-14.

Ahora, ¿cuáles son exactamente los mandamientos de Dios a los que se refiere Salomón? Los mandamientos de Dios se resumen en estos pocos versículos en los que Jesús habló. Dijo en

Mateo 22:37-40: "Amarás al Señor tu Dios con todo tu corazón, y con toda tu alma, y con toda tu mente. Este es el primero y grande mandamiento. Y el segundo es semejante: Amarás a tu prójimo como a ti mismo. De estos dos mandamientos depende toda la ley y los profetas". Si realmente amamos a nuestro prójimo, entonces lo trataríamos como nos gustaría ser tratados. ¡La Regla de Oro, tal y como es!

El temor del Señor que menciona el rey Salomón es ir en pos de la sabiduría, el conocimiento y la comprensión que proceden de Dios para leer su Palabra todos los días y obedecer sus mandamientos (Deuteronomio 6:1-9; 17:3; Josué 1:8; Salmos 119:63; Proverbios 2:2; 4:4-8). Muchas personas simplemente se niegan a someterse a Dios. William Penn escribió: "Los que no sean gobernados por Dios serán regidos por tiranos".[24]

Si somos lo suficientemente humildes para admitir que hemos pecado, pedir perdón y reconocer a Jesús como nuestro Señor y Salvador, entonces se nos asegura nuestra futura entrada al cielo. Jesús mismo dijo esto en Juan 14:6: "Yo soy el camino, y la verdad, y la vida; nadie viene al Padre, sino por mí". Él dijo que era el único camino. Si queremos vivir en su casa, lo debemos hacer a su manera. Como Él nos ama, nos da libre albedrío para elegir (Deuteronomio 30:19). Sabe, todos estamos a solo un latido de la eternidad. Lo insto a pensar en esto, ya que no habrá segundas oportunidades una vez que esté en el cementerio. La pregunta que le tengo es: ¿Apostaría su alma eterna a su opinión o confiará en la Palabra de Dios? ¿Qué decidirá?

5

Experiencias cercanas a la muerte

MUCHA GENTE NO quiere hablar de la vida después de la muerte. Planean cuidadosamente para sus breves años de jubilación; sin embargo, no hacen ningún esfuerzo para investigar donde podrían pasar la eternidad.

El Dr. Maurice Rawlings dijo: "La mayoría de la gente está asustada hasta la muerte de morirse. Me dicen: 'Doctor, tengo miedo de morir'. Pero nunca he escuchado a uno de ellos decir: 'Doctor, tengo miedo del juicio'. Y el juicio es la principal preocupación de los pacientes que han estado allí y han vuelto para hablar acerca de ello".[1]

Literalmente hay miles de estas personas, provenientes de los diferentes estilos de vida, que han experimentado el cielo o el infierno a través de experiencias cercanas a la muerte. Son demasiado numerosos como para descontar sus relatos simplemente como un invento de la imaginación o una alucinación.

Un médico en su lecho de muerte

Hubo un doctor en medicina, el Dr. Donald Whitaker, quien era especialista en ciencias de investigación. Estaba muriendo en el hospital. Tenía solamente un amigo cristiano que le hablaba acerca de Jesús, pero él no estaba interesado. El doctor dijo:

"Yo tenía una condición llamada pancreatitis necrótica hemorrágica aguda. Uno no sobrevive con esta enfermedad [...] yo era ateo. Verá, es muy fácil ser ateo cuando uno es exitoso. Me abrí paso desde la beneficencia de Oklahoma a ser uno de los hombres más poderosos de esa parte del país; uno de los hombres más poderosos en el estado de Oklahoma en relación con la política. Es muy fácil ser ateo cuando uno ha hecho todo eso. El hombre puede sentarse y decir: 'No necesito Dios, ¿qué es Dios?'. Pero es muy difícil ser ateo cuando se está tendido en su lecho de muerte. Porque uno empieza a pensar: ¿Y si estas personas (los cristianos) tienen razón? [...] Cuando estaba acostado en mi lecho de muerte y sabía que iba a morir, adivine en quién pensé. Pensé: *¿Y si Ron tiene razón? ¿Y si sí hay un cielo y un infierno?* [...] Inmediatamente, *inmediatamente*, el pensamiento más urgente en mi mente era: *¿Cómo puedo ser salvo? ¿Qué es ser salvo? ¿Qué es ser salvo? ¿Cómo soy salvo?* Así que los envié a que buscaran a Ron [...] Yo sabía que él tenía algo que yo tenía que tener [...] Ron no estaba en casa. Así que les pedí que buscaran a Ron. Esa noche estaba ahí acostado en la cama, comencé a desvanecerme, y a medida que me desvanecía era como oscuridad [...] estaba tan, tan oscuro [...] La oscuridad penetraba en mi propio ser. Puedo decirle que dejé mi cuerpo, porque recuerdo cuando regresé a mi cuerpo. No sé dónde estaba fuera de mi cuerpo. Hay gente que habla de una luz [...] o [...] de flotar hacia lo alto [...] una sensación de calidez y amor. No sentí nada de eso. No sentí nada de eso. Sentí un terror indecible, terror inefable, porque sabía que si alguna vez recorría todo el camino, si me deslizaba hasta el final, jamás volvería. Ahora bien, en lo más adentro, lo supe".

Luchó durante toda la noche porque sabía que tenía que esperar hasta que Ron llegara. Y a la mañana siguiente Ron vino y lo condujo en la oración de arrepentimiento. Este era un ateo muy firme que era rico y exitoso, un hombre muy difícil de convencer.

Pero su experiencia de partir hacia el infierno lo hizo cambiar de opinión a toda prisa.²

El destino de un piloto

Otra sorprendente experiencia cercana a la muerte fue contada por un piloto llamado capitán Dale Black. Era un piloto de la TWA, y voló durante más de cuarenta años. Tiene una familia, y ha logrado mucho en su vida. Su doctor también confirma las declaraciones médicas que hace en su libro. Su experiencia cercana a la muerte sucedió cuarenta años antes de que finalmente compartiera su historia en su libro. Es un milagro que haya sobrevivido al accidente de avión; y fue el único que lo hizo. Sus lesiones eran tan numerosas y extensas, que es un milagro múltiple el que se haya recuperado. Esto es algo de lo que vio en el cielo:

Me estaba acercando rápidamente a una ciudad magnífica, dorada y destellante, en medio de una miríada de colores resplandecientes […] Estaba abrumado por su belleza […] Hubo una gran reunión de ángeles y gente, millones, incontables millones […] Debajo de mí estaba el más puro, más perfecto césped […] Las flores silvestres más coloridas […] La fragancia que impregnaba el cielo era tan suave y dulce […] A lo lejos se levantaba una cadena de montañas, majestuosas en apariencia […] Fue algo así como estar en una película tridimensional […] multiplique eso por diez mil […] Absolutamente impresionante. Mi cuerpo estaba elevado por encima del suelo y se trasladaba sin esfuerzo […] Mi energía parecía ilimitada […] aunque yo siempre había trabajado duro para estar en excelentes condiciones, nunca había llegado a sentirme tan fuerte y sano como ahora. Era como si pudiera lograr cualquier cosa [...] La música estaba por todas partes. La adoración a Dios era el corazón y el enfoque de la música, y en todas partes se podía sentir la alegría de la música [...] una combinación perfecta de voces e instrumentos [...] Nunca sentí una paz tan abrumadora [...] Cuando yo tenía preguntas o necesitaba comprender algo, parecía ser impartido de forma automática y directa a mi corazón [...] Comprendí en mi corazón que la voluntad de Dios era la perfección y su Palabra fue la fuente de toda la creación [...] la Palabra de Dios fue y es el fundamento para todo. Dios era el corazón del cielo, su amor, su voluntad, su orden.[3]

Allí vio mucho más y lo describe en su libro. Afirma que ha servido a Dios plenamente desde el accidente, y que después de su carrera en la TWA continuó llevando en avión a miles de misioneros en sus viajes y ayudando a muchas otras personas. Tiene un doctorado en administración. "Es un antiguo instructor de sistemas aeronáuticos de aeronaves Boeing 747 [...] fundó y operó una empresa de formación de pilotos comerciales y de ventas de aviones". Su lista de logros sigue y sigue.[4]

Un buscador de emociones

Otro exateo que mi esposa, Annette, y yo tuvimos el placer de conocer es Mickey Robinson. Él escribió un libro sobre su experiencia cercana a la muerte. Era un experto paracaidista, y pasó su vida saltando de aviones y haciendo otras atrevidas aventuras. No obstante, un día el avión se estrelló. Apenas sobrevivió, y tenía quemaduras de tercer grado sobre tres cuartas partes de su cuerpo. Los médicos estaban seguros de que no sobreviviría. Durante el tiempo en que perdía y recuperaba la conciencia y estaba cerca de la muerte, se salió de su maltrecho cuerpo. Dijo esto:

Comencé a viajar hacia una luz blanca pura, más brillante que mil soles [...] Pero entonces, a medida que todo mi ser anhelaba esta brillantez, me di cuenta de algo moviéndose detrás de mí [...] Sentí una espeluznante oscuridad flotando [...] La oscuridad que me abarcaba era algo más aterrador que el mal. Esto era el vacío total, esperando penetrar y tragarse todo lo que me hacía estar con vida. Y yo era impotente, totalmente incapaz de salvarme a mí mismo [...] experimenté una agonía más terrible que ser quemado vivo. Sabía que si la oscuridad me tragaba, quedaría aprisionado en un mundo vacío sin puerta ni ventanas. Gritaría pidiendo auxilio, sin embargo nunca sería escuchado [...] Y esta soledad sería final, no negociable, interminable, para siempre. Temblando de terror, vi el último eclipse de luz desapareciendo. Entonces, como un hombre ahogándose jadeando por aire, mi espíritu gritó las mismas palabras que oré esa noche en cuidados intensivos: 'Dios mío, ¡perdóname! ¡Quiero vivir! ¡Por favor, dame otra oportunidad!' [...] Y apenas escaparon de mis labios, me encontré de pie en el cielo [...] una gloria viva me envolvía [...] Y aunque no pude ver ninguna silueta o forma, sabía que era una Persona. La magnificencia de esta Persona me atravesó como un láser [...] todo Poder, toda Sabiduría, todo Esplendor, todo Amor [...] Nada importaba excepto permanecer en esta presencia [...] El Amor me empapaba como una inundación [...] este ser puro vestido de luz perfecta.[5]

Le fue mostrado un poco del cielo y más, pero no quería volver. Dios lo envió de vuelta. Se recuperó, pero tuvo que pasar por muchas operaciones. Los médicos no esperaban que sobreviviera.

Se convirtió al cristianismo y desde entonces ha servido a Dios. Ahora tiene un ministerio y da conferencias internacionalmente.

¡Un mal trago!

Este era otro hombre que mi esposa y yo conocimos y quien tuvo una experiencia cercana a la muerte. Antes de esta experiencia, era ateo. Su nombre es B. W. Melvin, y ahora es cristiano. Su historia, contada a detalle en su libro, dice así:

> Hacía calor mientras trabajaba en las afueras de Tucson durante ese verano de 1980. Un día la temperatura [...] llegó a 124 grados [51,11 °C] [...] Decidí tomar agua [...] de una hielera en la parte trasera de la camioneta [...] Tomé el primer sorbo: un largo, largo trago. Parecía un poco caliente y viscosa [...] Abrimos la tapa de la hielera y miramos dentro. Hongo verde y criaturas como gusanos peludos estaban nadando en una bazofia putrida traslúcida verde-marrón.[6]

Se horrorizó. Más tarde llegó a estar mortalmente enfermo, dijo que estaba en agonía, con vómitos y fiebre alta, que le hizo sentir mucho frío. Unas horas más tarde, repentinamente dejó su cuerpo y flotó a través del techo. Comenzó a bajar por un túnel en extrema oscuridad, pero había una luz asombrosa a la distancia. A medida que se acercaba a esta luz, vio que era emitida por un hombre en una túnica blanca.

> La belleza de la luz me asombró [...] Cuando [el hombre] dejó ver una mano, salieron rayos cegadores de brillo [...] Mi destino parecía sellado antes de llegar aquí. *No tenía excusa.*[7]

Dijo que el Señor Jesús le dijo que vería "y caminaría en medio de una tierra desconocida, que sería mejor fuera olvidada pero que no quedaría invisible".[8] Vio horror indecible, olió un hedor que era extremadamente pútrido, escuchó gritos intensos, vio llamas y sintió un calor intenso. Vio demonios atormentando gente en jaulas, y estaba aterrorizado y se sentía irremediablemente perdido para siempre. Entonces el Señor vino y se lo llevó de ese horrendo lugar. Un amigo lo encontró más tarde, y de repente volvió a la vida. Fue llevado al hospital, fue tratado y eventualmente se recuperó. Había contraído una enfermedad letal transmitida por el agua.

El doctor [...] dándose vuelta hacia mí me dijo: "Señor Melvin, contrajo cólera y ya pasó la fase crítica. Tiene suerte".[9]

Su libro da una gran descripción de todo lo que vio en el infierno, y podría aterrorizar a cualquiera. Eso causó que se convirtiera en un creyente en Jesucristo como su Señor y Salvador.

Una espiral descendente

Perry Stone comparte en su libro la historia de alguien al que conoció que, en 1974, estaba muriendo en el hospital. Tuvo una experiencia cercana a la muerte, en la que se dirigía al infierno. Su nombre era Bill Fishel. Perry dice que [...]

...estaba consciente de estar moviéndose rápidamente en un túnel oscuro, con la cabeza hacia adelante, descendiendo en el suelo y bajo la corteza terrestre. Él describió este túnel como muy "lóbrego y oscuro". La primera pregunta que se hizo a sí mismo fue: "Si he muerto, ¿por qué no estoy yendo hacia arriba, al cielo? ¿Por qué estoy yendo hacia abajo?". Mientras continuaba su descenso en espiral observó una tenue luz al final del túnel. [...] La luz, lo sabría después, venía de una enorme caverna en algún lugar de la tierra. [...] Describió un intenso calor que llenaba la atmósfera. El suelo era duro y desolado. [...] notó que personas de diferentes edades comenzaron a aparecer [...] Bill se dio cuenta más tarde de que eran las almas y espíritus de hombres y mujeres de todo el mundo que acababan de morir y habían sido dirigidos desde la tierra a este lugar previo a su confinamiento final.

...toda aquella masa de gente comenzó a moverse lentamente hacia este ser sobrenatural. De repente, fue como si se hubiera levantado un velo, y Bill comenzó a ver a estas personas cayendo de cabeza en una abertura muy grande que describió como un "enorme hoyo" [...] observó a una segunda criatura de aspecto angélico lanzando a las personas dentro del inmenso hoyo [...] el enorme cañón contenía miles de hoyos más pequeños, todos con fuego ardiendo... súbitamente comenzó a escuchar un potente coro de llantos y gemidos que venían desde más abajo... Bill dijo: "Había una oscuridad muy deprimente por encima de aquel hoyo y en el aire un penetrante olor de sulfuro en combustión"... y el nauseabundo aroma de la carne quemada. ..comenzó a pedir a gritos a Dios que tuviera misericordia y lo ayudara.

Mientras tanto, en el hospital, el doctor y las enfermeras estaban trabajando para revivirlo y tuvieron éxito. En el lugar que reconoce como el infierno, súbitamente él estaba siendo llevado nuevamente hacia arriba hacia la superficie de la tierra... Le pregunté a Bill: "¿Usted estaba asistiendo a la iglesia cuando le sucedió esto?". Él respondió: "Yo iba a la iglesia, pero no vivía como hubiera debido. Pero después de este incidente quedé tan sacudido, que dije que serviría al Señor y lo seguiría toda mi vida". Bill ciertamente fue fiel y siguió al Señor hasta su muerte.[10]

¡Una visión del infierno y la advertencia de un alma perdida!

Otro hombre fue entrevistado en la televisión cristiana. Su nombre es Ron Reagan. Su historia es poderosa. Una vez fue ateo. Había hecho cosas terribles en sus años de juventud, y mantenía muy malas compañías. Había estado en un camino muy duro. Un día entró a una tienda y comenzó una pelea. El otro hombre le cortó el brazo con una botella rota, y empezó a desangrarse hasta la muerte. Iba de camino al hospital en una ambulancia, cuando de pronto comenzó a dejar su cuerpo. Dijo:

Fue como si la ambulancia hubiera explotado, como si hubiera estallado. De repente estaba atravesando un túnel. Y después de un tiempo, de en medio del humo, de las tinieblas, comencé a escuchar las voces de una multitud de personas. Estaban gritando, gimiendo y llorando. Cuando miré hacia abajo, la sensación era [como] mirar hacia abajo por una abertura volcánica, se veía fuego, humo y gente gritando y llorando. Se estaban quemando, pero no se consumían [...] La parte más terrible, fue que empecé a reconocer a muchas de las personas que estaba viendo en esas llamas. Pude ver sus rasgos; pude ver la frustración y el dolor. Y varios de ellos comenzaron a llamar mi nombre, diciendo: "Ronnie, no vengas a este lugar. Si vienes aquí, no hay escapatoria. No hay cómo salir". Miré a la cara a uno al que le habían disparado en un intento de robo y que se había desangrado hasta morir. Vi a otros que sabía habían muerto de sobredosis. [Vi] la agonía y el dolor que estaban experimentando. La parte más poderosa era la soledad, que no había ninguna esperanza, que no había escapatoria. El olor era tan asqueroso, como azufre, como de un soldador eléctrico, y el hedor era terrible.[11]

Dijo que había experimentado casi todo lo terrible que la vida tenía que ofrecer en su época, y que había visto muchas cosas horribles. Pero "literalmente me aterró a la muerte ver dentro de este foso, de este lugar de tormento".[12]

Su historia es muy convincente cuando lo escucha describir sus circunstancias. Lo conocimos a él y a su esposa, y yo le creo. Ambos eran muy amables y compasivos, y era un hombre gentil, cariñoso y sincero. Aceptó al Señor como su Salvador, poco después de esta experiencia y ha sido pastor de una iglesia durante muchos años.[13]

Historias del Dr. Maurice Rawlings

El Dr. Maurice Rawlings ha escrito muchos libros sobre sus estudios de experiencias cercanas a la muerte. Aquellos que han tenido visiones del más allá, y los individuos que han estado clínicamente muertos y que han visto el cielo, el infierno y a veces simplemente una luz brillante, comparten muchas de sus experiencias. El Dr. Rawlings ha hecho muchas investigaciones, y sus libros son fascinantes. Este es un breve resumen de algunas de esas historias.

Hospital Memorial de Chattanooga; recopilado por Mary Ann Hickman y la subjefa de enfermeras, Dotty Gilbert. Ellas reportan que Ira Anderson (no es su nombre real), un hombre de sesenta y dos años quien sufrió un infarto agudo, tuvo que ser refrenado porque, usando sus palabras, había "demonios que vienen por mí". Estuvo luchando contra el personal, retorciéndose y lanzando puntapiés a las criaturas [...] Después de que el ritmo cardiaco fue corregido con una descarga eléctrica, al parecer los demonios lo siguieron mientras era llevado a la zona de terapia intensiva, donde, al recuperar la conciencia, saltaron sobre él una vez más. La revisión de los registros no mostraron medicamentos que pudieran dar cuenta de la demonización. En la misma semana y en la misma sala de urgencias, Ruby Tinney y la enfermera a cargo, Nancy Humphries, informaron que una víctima de infarto de treinta y ocho años de edad, con alaridos espeluznantes no dejaba de gritar que estaba en el infierno y exigía que se llamara a un pastor.[14]

El Dr. Rawlings continúa con otra historia acerca de Sir Francis Newport, quien estaba en su lecho de muerte y dijo esto: "'¿Por qué me he vuelto un esqueleto en tres o cuatro días? Véame ahora, y cómo era entonces. He despreciado a mi Creador y negado a mi Redentor. He uní al ateo y al profano y continué este curso a pesar de haber sido redargüido muchas veces [...] cuando mi seguridad era lo mayor, y los susurros de mi conciencia eran lo menor' [...] En un terror inexpresable clamó: '¡Oh, los dolores insoportables del infierno!', y murió en el acto".[15]

Otra de varias experiencias negativas registradas por Shaw incluyen la de la señora J. B. en 1886: La llamé

63

para verla durante su última enfermedad y la encontré en un estado mental sumamente angustiado. Ella [...] decía: "Hay demonios en mi habitación, listos para arrastrar mi alma al infierno" [...] Ella me dijo: "¡Véalos reír!". Esto la llevaba a un paroxismo de miedo y terror [...] pero cuando intenté hacerla buscar a Jesús por ayuda, ella me dijo: "Es inútil; ¡es demasiado tarde!".[16]

El Dr. Rawlings continúa con esto: "Napoleón Bonaparte en 1821 le confesó al Conde de Montholon: [...] '¡Tal es el destino del que ha sido llamado el gran Napoleón! ¿Qué abismo hay entre mi profunda miseria y el eterno Reino de Cristo'".[17]
Otra historia del Dr. Rawlings:

Y luego el autosuficiente Voltaire, cuya "pluma era más poderosa que la espada", cuyo intelecto y honores nunca podrían ser superados, ahora había sido superado por un derrame cerebral que lentamente estaba causando su muerte [...] Durante dos meses fue torturado con una agonía tal que lo llevaba a veces a crujir los dientes en rabia impotente contra Dios y el hombre [...] Entonces, volviendo el rostro, clamaba: "¡Debo morir, abandonado por Dios y por los hombres!" [...] Incluso su enfermera dijo repetidamente: "Ni por toda la riqueza de Europa jamás volvería a ver morir a otro infiel".[18]

Otra historia más del Dr. Rawlings:

El señor Bartholomy en el hogar de ancianos: —¿Qué es lo que ve?— dije. El señor Bartholomy estaba temblando y horrorizado por algo detrás de mí. Cuando me volví, no pude ver nada allí. —¡Vienen otra vez! — repitió. —¿Quién viene?— insistí. El Sr. Bartholomy estaba sentado completamente erguido por primera vez en una semana, pero seguía mirando hacia la ventana. —Ellos están rondando por ahí esperando a que me muera. ¡Haga que se vayan! [...] Pude ver que no se le habían administrado drogas, no tenía fiebre ni problema alguno de laboratorio excepto anemia [...] La tabla indicaba que era bien educado, protestante, con varios nietos [...] un poco más tarde esa noche murió.[19]

No importa de qué religión sea alguien. Muchos son ateos, y vieron el infierno. No es el cristianismo lo que podría influir en la mente de la persona para ver el infierno bíblico. El infierno es un lugar real, y, de hecho, existe. Jesús nos dijo que Él era el único camino al cielo (Juan 6:40, 8:24, 14:6). El infierno tiene muchos huéspedes que fueron atraídos a él por engaño, y esos huéspedes son permanentes. Satanás es el gran engañador (Salmos 9:17; 55:15; 63:9; Proverbios 7:27; 9:18; 15:24; Isaías 14:12-19; Ezequiel 28:12-19; Lucas 10:18).

Otra [de estas] experiencias se encuentra escrita en un libro llamado *To Heaven and Back* [Al cielo y de vuelta] de Rita Bennett. En él ella documenta muchas historias de los que han visto el cielo o el infierno. Esta es una de esas historias de una experiencia cercana a la muerte:

Los médicos descubrieron que tenía neumonía doble, un coágulo de sangre, hemorragia interna e insuficiencia renal [...] Escuché al doctor en voz alta pidiéndole a la enfermera que revisara mi presión arterial. Oí la respuesta de la enfermera: "Cero. Nada de nada". Me di cuenta de que estaban luchando por mi vida [...]

Yo estaba hablando con Dios y diciendo: "¿Por qué yo? ¿Por qué ahora?" No quería morir [...] Empecé a moverme hacia arriba. Me di cuenta que mi cuerpo estaba debajo de mí [...] En el primer cielo, conocí a un Ser [...] Lo reconocí como Jesucristo, y me guió a través de los tres cielos [...] Lo miré a los ojos. Eran penetrantes pero cariñosos y tan claros como el agua azul [...] Cuando lo mira a uno, mira directamente a través de uno y dentro de uno. Uno se da cuenta de inmediato de que Él sabía todo lo que había que saber sobre uno [...] En cuestión de segundos me encontré delante del Altísimo [...] Entonces oí al Padre y al Hijo en comunión por mi caso. Jesús dijo: "Mi sangre es suficiente. Ella es mía". Cuando dijo eso, todas las dudas sobre mi indignidad desaparecieron. Salté hacia arriba y hacia abajo, gritando y regocijándome. ¡Nunca había estado tan feliz en toda mi vida! El tipo de amor que sentí está más allá de cualquier explicación. Yo no dejaba de decir: "Oh, Dios mío. Oh, Dios mío. Este es mi Abogado". Así como lo he leído en la Biblia. Jesús volvió a dónde estaba y me miró de nuevo con un reconfortante amor [...] Yo no quería dejar de estar a su lado. Se lo dije, pero una mirada en sus ojos decía que tenía que volver [...] Volver a entrar a mi cuerpo en terapia intensiva fue tan rápido como había sido mi viaje hacia fuera.[20]

Se recuperó y comenzó una obra para el Señor. Ella dijo: "Cuando volví, tuve una aprecio distinto por las relaciones humanas. Son tan importantes. Mucho de lo que pensamos que es importante no es importante en absoluto [...] Mi sentimiento más fuerte es que mi propósito es amar".[21]

El hedor de azufre

Jerry R. Newberry, comparte su experiencia. También hablé con él personalmente. Me llamó por teléfono después de que me vio en un programa cristiano de televisión. Cuando tenía quince años de edad, estuvo a punto de morir de apendicitis. Después de la cirugía dijo:

Poco a poco las luces encima de mi cama se fueron apagando [...] De repente, apareció una tenue neblina ¡y pude ver un túnel! [...] Podía oír, a la distancia, gente gimiendo y quejándose y lamentándose. Estaba muy asustado. En aquel momento dos seres encapuchados aparecieron, uno a cada lado [...] Nunca había oído lamentos de esa magnitud. Era un sonido horrible. La otra cosa que era sumamente mala era el olor. Era como muchas cosas quemándose juntas. Me ardían los ojos, me ardían las fosas nasales, y me ardían los pulmones. Entramos a los pasillos y allí había innumerables personas tras enormes rejas de metal [...] imagine un lugar insoportablemente caliente con total desesperanza y desesperación [...] Vi incontables miles y miles de personas detrás de esas enormes barras de metal [...] Pensé que no podía soportar el olor [...] (en este momento yo no era cristiano). Oí una voz con un sonido de voz de mando y autoridad total decir: "Él tiene que volver". Dimos media vuelta [...] Abrí los ojos y la luz parecía tan brillante. Lentamente, miré a mi alrededor. Mi madre y mis hermanos estaban al lado de mi cama [...] Sabía que nunca sería el mismo otra vez. El primer domingo que pude, fui a la iglesia [...] Al principio del llamado al altar, fui al altar y le di mi corazón a Jesucristo, mi Rey de reyes y Señor de señores.[22]

Esta experiencia le ocurrió en 1946 y no la escribió sino hasta 2006. Pero nunca olvidó su horrenda experiencia, y luego en 1989 tuvo una pequeña prueba para sí mismo en una visita a Hawái. Él y su esposa visitaron el cráter del volcán, y dijo: "Me golpeó como una tonelada de ladrillos: Esto causa el mismo olor y el mismo ardor en los ojos". Se acordó de hacía todos esos años en 1946, cuando olió ese mismo aroma fétido del azufre quemado en el infierno. Dios nos da una visión del infierno con la lava fundida y el hedor de azufre del volcán para que evitemos ese horrible lugar (Proverbios 27:12).

6

Experiencias de muerte clínica

La SIGUIENTE HISTORIA es sobre un hombre que trabajaba en un aserradero en Oregón en 1924, y que cayó y estuvo muerto durante cuarenta y cinco minutos. Esto en realidad va más allá de la muerte clínica.

Caí de cabeza sobre la primera viga treinta pies [9.14 m] abajo [...] hasta que caí al agua y desaparecí de la vista [...] La búsqueda duró entre cuarenta y cinco minutos y una hora antes de que me encontrara el señor J. H. Gunderson [...] Yo estaba muerto en cuanto a este mundo se refiere. Pero estaba vivo en otro mundo [...] Lo siguiente que supe fue que estaba de pie cerca de la costa de un gran océano de fuego. Parecía ser lo que dice la Biblia en Apocalipsis 21:8: "El lago que arde con fuego y azufre". Esa es la vista más impresionante que uno pueda ver de este lado del juicio final. Recuerdo más claramente que cualquier otra cosa [...] cada detalle de cada momento [...] Estaba a cierta distancia de la ardiente, turbulenta, revolvente masa de fuego azul. Hasta donde mis ojos podían ver era lo mismo [...] No había nadie dentro de él. Vi a otras personas que yo sabía que habían muerto [...] Nos reconocimos mutuamente [...] Sus expresiones eran de desconcierto y confusión. La escena fue tan impresionante que simplemente faltan las palabras [...] No hay forma de escapar excepto por intervención Divina. Me dije a mí mismo en una voz audible: "Si hubiera sabido de esto habría hecho cualquier cosa que se me exigiera para escapar de venir a un lugar como éste" [...] Vi a otro hombre que venía de frente hacia nosotros. Supe inmediatamente quién era. Tenía un rostro fuerte, amable y compasivo, compuesto y sin miedo. Amo de todo lo que veía. Era Jesús mismo [...] Me dije de nuevo: "Si solamente me mirara y me viera, me rescataría de este lugar" [...] Él giró la cabeza y me miró directamente. Eso fue todo. Su mirada fue suficiente. En segundos estaba de vuelta entrando a mi cuerpo otra vez [...] Le doy gracias a Dios por las personas que pueden orar. Era la señora Brocke a la que oí orando por mí. Ella dijo: "Oh Dios, no te lleves a Tom. No es salvo".[1]

En palabras de la señora Brocke registradas en su libro, ella hizo esta oración:

Solo le pedimos a Dios que fuera misericordioso y que lo levantara. Primero vimos sus párpados moverse solo un poco, luego comenzaron a venir las lágrimas y trató de hablar [...] Más vida entró en él y los hombres que estaban a su alrededor estaban muy sorprendidos y felices. Acababan de ver un milagro [...] Cuando lo llevaron al hospital, fue llevado al quirófano y le limpiaron las heridas de la cabeza y le pusieron muchos puntos de sutura en su cuero cabelludo. Siete costillas en su costado izquierdo estaban rotas; lo vendaron para eso.[2]

Esta es una historia bien documentada de Thomas Welch, quien cayó de un tronco en un aserradero en Bridal Veil, Oregón, en 1924. Estuvo bajo el agua durante por lo menos cuarenta y cinco minutos y fue hallado muerto. Ver el infierno hizo que se convirtiera en cristiano, que estudiara para el ministerio y que sirviera a Dios por el resto de sus años. Sirvió con gente como Gordon Lindsey.[3]

El Dr. Gary L. Wood tuvo una experiencia que también es muy interesante. Tuvo un accidente de coche y murió instantáneamente. Afirma:

Me di vuelta para ver qué pasaba. Hubo una explosión, luego un dolor agudo, instantáneo quemó mi cara. Hubo una luz brillante que me envolvió, y recuerdo haber quedado libre de todo dolor. Salí fuera de mi cuerpo [...] Ahora estaba sobre el coche [...] Podía ver mi cuerpo [...] A mediada que comencé a ascender a través de este túnel de luz, sentí un sentimiento de paz tan tranquilo que me invadía [...] Podía oír a mi alrededor ángeles cantando [...] Entonces empecé a caminar sobre una alfombra verde y exuberante de césped que cubría la ladera [...] Desde la colina, vi la parte externa de una ciudad magnífica. Había un maravilloso muro de jaspe que rodeaba la ciudad [...] Frente a mí estaba una puerta muy hermosa hecha de perla sólida tachonada con zafiros, rubíes, diamantes y muchas otras gemas preciosas [...] De repente, ahí frente a mí estaba mi mejor amigo, John [...] John me llevó a un edificio muy grande que parecía una biblioteca. Las paredes eran de oro macizo [...] Vi cientos y cientos de volúmenes de libros [...] John me explicó que estos libros contienen el registro de la vida de cada persona que alguna vez ha nacido, a lo largo de toda la historia. Todo lo que hacemos aquí en la tierra se registra en estos libros; bueno o malo [...] Pude ver las oraciones de los santos debajo siendo disparadas como flechas hacia el cielo. Los ángeles recibían las oraciones y las llevaban a la sala del trono de Dios. Dios concedía la petición de oración y el ángel era despachado desde la sala para entregar el milagro [...] Nunca he visto a alguien o algo que posiblemente pudiera compararse con la belleza de nuestro Señor Jesús, delante de quién ahora estaba.[4]

El Dr. Wood tenía "rotas las vértebras [...] una de las cuales provoca una muerte segura [...] Tuvo una lesión de media cara con lesiones de laringe, que significa que sus cuerdas vocales y la laringe fueron completamente destrozadas. No se le daba ninguna esperanza de volver a hablar".[5]

Él dice:

Tengo una radiografía que muestra que no tengo cuerdas vocales, sin embargo hablo y canto [...] Oré: "Dios [...] puedes tocarme, puedes curarme [...] Dedicaré el resto de mi vida a decirle al mundo acerca de ti". De repente, Jesús apareció en mi habitación [...] Puso su mano suave en la garganta, y sentí un calor fluir a través de mi cuerpo [...] La enfermera entró y dijo: "Buenos días...". Yo le dije: "Buenos días". Con una mirada de sobresalto en su rostro, me dijo: "¡Usted no puede hablar!" [...] En pocos momentos estaba rodeado de médicos diciendo [...] "No puede hacerlo. No debería ser capaz de hablar. No tiene cuerdas vocales".[6]

El Dr. Wood es un milagro viviente, y predica y canta hasta este día.

Otra experiencia notable fue la de un predicador muy conocido, el fallecido Richard Sigmund. Su experiencia también fue más allá de la muerte clínica.

Era conocido como "Little Richard", un niño predicador, y predicó en algunas de las reuniones más grandes del mundo en aquel momento [al lado de]: Oral Roberts, A. A. Allen, William Branham, Jack Coe, Kathryn Kuhlman y muchos más [...] El 17 de octubre de 1974, Richard tuvo un devastador accidente automovilístico y fue declarado muerto. Ocho horas más tarde, Dios lo trajo de vuelta a la vida, pero no sin antes haber visto *Un lugar llamado cielo.*

Había sirenas. Mucho ruido. Y escuché las palabras: "Está muerto". Una fuerza me estaba halando a través de una nube de gloria y en el otro lado de la nube podía oír gente cantando [...] Pude ver a dos mujeres de pie. Eran hermosas y ancianas, pero su rostro era como si tuvieran veintitantos.[7]

Vio gente esperando a sus seres queridos llegar al cielo, y cuando llegaban, pasaban a través de un velo. Después de pasar por el velo, inmediatamente se volvían jóvenes y hermosos. Vio hermosas flores, césped y árboles de enorme tamaño. Dijo:

Allí no hay muerte; ni una hoja de césped podría morir en el cielo [...] A medida que caminé a lo largo de la vía de oro, vi el firmamento. Tenía un color roseta rosáceo, pero seguía siendo un azul cristalino [...] las nubes eran miles de ángeles [...] Toda la gente estaba esperando que sus seres queridos llegaran al cielo [...] A la derecha había otro libro. Era El libro de la vida del Cordero [...] Me acerqué a la pared. La pared estaba llena de todo tipo de joyas preciosas [...] Las puertas eran enormes. De veinticinco millas [40,23 km] de altura [...] del otro lado de la puerta a lo largo de la vía había muchas hermosas casas, mansiones [...] La gente podía casualmente atravesar el borde de sus terrazas y muy fácilmente flotar hasta el suelo [...] Tendría una visión de Jesús un poco más adelante. Estaba hablando con la gente, amándolos, abrazándolos [...] Yo quería estar allí solo para caer a sus pies [...] Yo solo quería estar con Jesús [...] En el cielo, cada uno tiene su turno y nadie está ansioso [...] Una niña se me acercó [...] y tenía un hermoso cabello rubio. Yo sabía que ella había muerto de cáncer [...] ella de inmediato procedió a revolver su hermoso cabello, cabello que había perdido cuando sufría de cáncer. Había muchos otros niños y cada uno tenía capacidades mucho mayores que cualquier adulto en la tierra.[8]

Vio a los ángeles ser enviados a responder nuestras oraciones; vio montañas, grandes cuerpos de agua, gente, animales y familias; escuchó cantos hermosos, así como muchas otras cosas en el cielo. Pero la experiencia más maravillosa que tuvo fue conocer a Jesús y ver el trono de Dios.

Él continúa diciendo:

Al parecer, había estado muerto por más de ocho horas y me estaban llevando en una camilla a la morgue [...] Podía sentir mis huesos embonándose. Podía sentir las cicatrices curarse mientras estaba sentado [...] Recuerdo que un doctor entró y dijo: "Lo declaro muerto. Y está muerto". Pero yo estaba sentado. Otros médicos y enfermeras entraron y comencé a contarles la historia de dónde había estado y lo que había sucedido.[9]

Dios también le mostró el infierno, y describe los panoramas más horribles que ni siquiera puede imaginar.

Otro testimonio proviene del reconocido libro *90 minutos en el cielo*, de Don Piper. Era un pastor que acababa de salir de una iglesia donde estaba predicando. Estaba cruzando un puente, cuando de repente un semirremolque fuera de control lo golpeó de frente y arrolló su coche. Murió instantáneamente. Fue pronunciado muerto por cuatro paramédicos en la escena y siguió estando muerto durante noventa minutos. Su experiencia también fue más allá de la muerte clínica. Se había cortado un brazo y una parte de su pierna, y tenía muchos otros problemas serios. Finalmente requirió treinta y cuatro operaciones para reparar sus graves heridas una vez que volvió a la vida. Dios lo trajo de vuelta a la vida, pero no hasta que vio el cielo.

Su libro documenta los informes médicos y las fotografías del accidente, los registros del hospital y cosas semejantes. Es una persona muy creíble, sana y exitosa con la que mi esposa y yo hemos tenido la oportunidad de pasar tiempo. Hemos hablado juntos, y creo su historia. Esto es lo que dijo:

> En un segundo, abrumador y potente, fallecí [...] En el mismo momento de mi último recuerdo del puente y la lluvia, me envolvió una luz con un brillo que no puedo describir con palabras y ni podía comprender [...] Cuando recuperé mis sentidos estaba en el cielo, de pie. El gozo latía a través de mí mientras miraba alrededor, y en ese momento me di cuenta de que había una gran multitude de personas [...] Todos venían hacia mí, y todos sonreían, gritaban y alababan a Dios [...] Me sentía abrumado por la cantidad de gente que había venido a darme la bienvenida al cielo [...] Al mirar alrededor casi no podía abarcar los vívidos y brillantes colores [...] Tuve la sensación de que me estaban

guiando a la presencia de Dios [...] Me invadió un temor santo [...] Mi recuerdo más vívido del cielo es lo que oí [...] Era el sonido más placentero y hermoso que haya oído jamás [...] Las melodías de alabanza llenaban la atmósfera [...] Estaba en casa [...] Quería estar allí más que en cualquier otro lugar de la tierra [...] No via Dios. Aunque sabía que Dios estaba allí [...] Había una enorme puerta en medio de un muro que se esfumaba a la vista en ambas direcciones [...] Miré hacia arriba, pero tampoco veía cuán alto era [...] Pude ver hacia adentro. Era como una ciudad con calles pavimentadas. Para mi asombro, estaban construidas de oro [...] Mis amigos y parientes estaban todos delante de mí, llamándome, urgiéndome, invitándome a seguir [...] justo fuera de la puerta [...] Estaba en el cielo, listo para pasar por el umbral de la puerta de perla iridiscente [...] Luego, tan repentinamente como había llegado a las puertas del cielo, las dejé [...] Los paramédicos me declararon muerto apenas llegaron a la escena del accidente. Afirmaron que había muerto al instante.[10]

Llevaba muerto noventa minutos. Una pareja que estaba asistía a la misma iglesia donde Don acababa de hablar iba por el mismo camino de regreso a casa. Quedaron detenidos en el tráfico que se estaba devolviendo, así que salieron de su auto, se acercaron y le preguntaron al oficial de policía si podían orar por alguien. El oficial les dijo que el hombre del coche rojo había muerto. Le preguntaron al oficial si podían orar por él. Él dijo: "Bueno, qué va...si es lo que quiere hacer, hágalo. Pero tengo que decirle que lo que verá es horrible. Está muerto, y debajo de la lona hay un desastre total. Sangre y vidrios por todas partes, y el cuerpo está destrozado". El pastor, Dick, fue a orar. Él dijo:

"Me sentí compelido a orar. No sabía quién era el hombre, ni si era creyente. Solo sabía que Dios me había mandado a orar por él". Oró un rato, y luego empezó a cantar una canción. Estaba cantando: "Oh, qué amigo nos es Cristo". Entonces de repente, el hombre muerto comenzó a cantar con él. Inmediatamente "salió como pudo de entre los hierros retorcidos y corrió hacia el paramédico que más cerca estaba". No le creían que el hombre muerto ahora estaba vivo. Le tomó un tiempo a Dick persuadirlos para que fueran a ver. Bueno, para resumir, Don milagrosamente se recuperó y hoy habla por todo el mundo.[11]

Otra experiencia reportada por el Dr. Maurice Rawlings:

[Era un hombre cuya] hipertensión arterial le provocó repetidos ataques al corazón, lo cual le provocó repetidos episodios de fibrilación y repentina muerte clínica [...] "Todo se estaba poniendo negro. ¡Mi corazón dejó de latir! Oí a las enfermeras gritando: '¡Código 99, código 99!'. Una de ellas marcó el teléfono al altavoz del hospital [...] Podría sentir que estaba dejando mi cuerpo [...] flotando en el aire [...] Entonces estaba ligeramente parado sobre mis pies mirando a las enfermeras presionar mi pecho. Dos enfermeras más vinieron y una llevaba una rosa en su uniforme. Llegaron otras dos enfermeras más y un camillero y entonces me di cuenta de que habían hecho venir de vuelta a mi doctor [...] Entonces mi médico se quitó el abrigo para relevar a la enfermera que estaba presionando mi pecho. Noté que traía una corbata a rayas azules".[12]

Fue traído de vuelta a la vida, y el Dr. Rawlings explica:

Los detalles específicos que vio el paciente, incluyendo el número de personas, lo que le hicieron, y lo que llevaban puesto fueron verificados posteriormente. La reconstrucción de la secuencia de tiempo indica que estaba sin pulso o inconsciente durante todo este intervalo que el recuerda.[13]

El doctor comienza a contar de otra vez que este hombre había muerto. Esta vez vio lo que parecía ser el cielo:

"Lo siguiente que supe fue que estaba flotando al fondo de la habitación [...] Estaba volando por el espacio a una velocidad rápida. Había un río debajo de mí [...] Yo estaba cruzando sobre una hermosa ciudad que estaba más abajo [...] Las calles parecían estar hechas de oro brillante y eran maravillosamente hermosas [...] Descendí sobre una de las calles y había gente a mi alrededor: gente feliz que estaba contenta de verme [...] Algunas otras personas venían hacia mí. Creo que eran mis padres. Pero justo entonces desperté, en la habitación del hospital. Estaba de regreso en mi cuerpo. Esta vez realmente deseaba que no me hubieran traído de vuelta". Este paciente [...] dijo que era cristiano.[14]

El Dr. Richard Eby comparte una experiencia que tuvo cuando murió. También estaba más allá de la muerte clínica. Había caído de un balcón y se había abierto la cabeza. Afirma:

El cráneo sangriento quedó expuesto con el cuero cabelludo colgando sobre cada oreja. El cuerpo ya estaba blancuzco y la sangre había dejado de fluir.[15]

Su esposa comprobó su pulso y su respiración y ya no tenía. El Dr. Eby explica lo que estaba experimentando. Afirma:

En un abrir y cerrar de ojos, Jesús me llevó fuera de este mundo [...] Todo este tiempo sabía instintivamente que el Señor de señores estaba por todas partes en este lugar [...] Mi mirada quedó clavada en el exquisito valle [...] Bosques y árboles simétricos [...] ni un solo claro marrón u hoja muerta [...] pastos señoriales [...] Descubrí que no había ningún desfase temporal entre el pensamiento y la acción [...] Estaba consciente de la música de fondo más hermosa, melodiosa y angelical [...] Me incliné otra vez y olí las flores [...] Un perfume tan exótico [...] Decidí buscar a mi esposa y compartirle esta increíble paz y alegría. Me parecía natural que ella también hubiera muerto, puesto que el matrimonio nos había hecho uno a los dos. Al instante, de nuevo, me encontré yendo por el camino, sin esfuerzo, ingrávido y confiado. A medida que me acercaba a donde daba vuelta el valle, escuché su distante voz llamándome: "Richard, Richard...". A medida que la voz se hacía más fuerte, el valle parecía apagarse, y se fue la luz [...] Más tarde me daría cuenta de que estaba de regreso en la tierra donde las oraciones de muchos habían sido contestadas por mi regreso [...] De alguna manera mi cráneo había quedado lo suficientemente separado como para mover las cuencas oculares [de su lugar] [...] Alrededor del mediodía apareció el cirujano: "¡No tenga falsas esperanzas, Doc! No hay ninguna manera de evitar que termine siendo un vegetal. Su tejido cerebral ayer estaba como jalea donde lo vimos expuesto. Ya no le quedaba sangre, así que no le pudimos hacer una transfusión [...] No sé por qué sigue todavía aquí. No lo entiendo". ¡Lo sé, Jesús me dijo que viviría![16]

Fue un milagro que se recuperara. Siguió compartiendo su testimonio y sirviendo a Dios hasta que finalmente se fue a casa para estar con el Señor en la década de los noventa. El Dr. Eby era un médico consumado.

El Dr. Kenneth E. Hagin comparte una experiencia de muerte real que tuvo a los diecisiete años. A los quince años, terminó postrado en cama con dos problemas orgánicos graves del corazón. Los médicos no le dieron absolutamente ninguna esperanza. Comparte:

> Más temprano esa noche, mi corazón dejó de latir y el hombre espiritual que vive en mi cuerpo partió [...] Fui abajo, abajo, abajo hasta que las luces de la tierra se desvanecieron [...] Tengo pruebas de que estaba realmente muerto [...] Entre más abajo iba, más oscuro se volvía [...] más caliente y más sofocante se hacía. Finalmente, muy por debajo de mí, pude ver luces titilando en las paredes de las cavernas de los condenados. Las luces eran causadas por las llamas del infierno [...] El calor me golpeó en la cara [...] llegué a la entrada del infierno [...] ¡Sentí que si me acercaba más, si daba un paso más, si avanzaba más yo me habría ido para siempre y no podría salir de ese horrible lugar! Al llegar al fondo del abismo, me hice consciente de que algún tipo de espíritu vino a mi lado [...] La criatura puso su mano sobre mi brazo para escoltarme hacia adentro. En ese mismo momento, una voz habló desde lejos por encima de la oscuridad, por encima de la tierra, por encima de los cielos [...] Cuando habló, sus palabras resonaron en toda la región de los condenados, sacudiéndola como una hoja en el viento y causando que la criatura quitara su mano de mi brazo [...]

Comencé a ascender hasta que llegué a la parte superior del abismo y vi las luces de la tierra.[17]

Esto sucedió tres veces, y en cada ocasión el Dr. Hagin regresaba a su cuerpo. La tercera vez dijo:

Cuando comencé a descender en la oscuridad esta tercera vez, mi espíritu clamó: "¡Dios, pertenezco a la iglesia! ¡Yo he sido bautizado en agua!". Esperé su respuesta, pero no vino respuesta alguna [...] Se requiere más que ser miembro de la iglesia —se requiere más que ser bautizado en agua— para evitar el infierno y llegar al cielo. Jesús dijo: "*Os es necesario nacer de nuevo*" (Juan 3:7).[18]

Llegó nuevamente al fondo del abismo, y la criatura lo agarró otra vez. La voz habló y la criatura lo dejó ir otra vez. Esta vez, cuando empezó a subir por el túnel, dijo esto:

Empecé a orar: "¡Oh, Dios! Vengo a ti en el nombre del Señor Jesucristo. Te pido que perdones mis pecados y que me limpies de todo pecado". Volví en mí a un lado de la cama [...] Miré el reloj y vi que eran veinte para las ocho. Esa fue la misma hora en que nací de nuevo gracias a la misericordia de Dios a través de las oraciones de mi madre. Me sentía maravillosamente; fue como si un peso de dos toneladas hubiera sido quitado de mi pecho".[19]

El Dr. Hagin comenzó a recuperarse de su problema cardíaco. Se convirtió en el fundador del Instituto Bíblico Rhema, sirvió al Señor toda su vida, y predicó casi todos los días hasta que se fue a casa para estar con el Señor a una edad bastante avanzada.

En muchos de los libros escritos sobre estas experiencias, la mayoría menciona una buena experiencia como ver una luz brillante, sentimientos de amor y calidez y paz. ¿Por qué no se reportan más malas experiencias?

El Dr. Maurice Rawlings dice esto:

> Algunas de las "buenas" experiencias pueden haber sido impresiones falsas, tal vez creadas por Satanás apareciendo como un "ángel de luz" [vea 2 Corintios 11:14]. O tal vez el lugar de reunión es un ambiente agradable que representa un "sitio de clasificación" o un área previa al juicio, ya que la mayoría de esos casos reportan una barrera que impide el progreso al más allá. El paciente regresa a su cuerpo antes de que la barrera pueda ser atravesada [...] He encontrado que la mayoría de las malas experiencias pronto son suprimidas profundamente en la mente subconsciente o inconsciente del paciente. Estas malas experiencias parecen ser tan dolorosas y perturbadoras que son removidas de la memoria consciente.[20]

Es interesante que el Dr. Rawlings también señaló:

> No sé de ninguna "buena" experiencia fuera-del-cuerpo que haya resultado por suicidio [...] Este es un relato descrito por uno de mis colegas: Se tomó una botella de aspirinas... en coma... ella decía: "¡Mamá, ayúdame! ¡Haz que me suelten! ¡Están tratando de hacerme daño!". [...] "Ellos, esos demonios en el infierno...". Posteriormente se volvió misionera varios años después.[21]

7

Sueños y visiones de la vida después de la muerte

L A BIBLIA MENCIONA a muchos que tuvieron sueños o visiones a lo largo de sus páginas. Si alguien tiene un auténtico sueño o visión de Dios, entonces se alineará con las Escrituras. Si la persona dice algo que es contrario a la Biblia, entonces no es de Dios. Ha habido muchos con los que he hablado, o que he leído su libro, y hay cosas dichas que no son bíblicas. Sin embargo, muchos creen que son de Dios. Debemos ser cuidadosos al pesar cada relato contra la Palabra de Dios. Si la experiencia de alguien no se alinea con la Palabra de Dios, entonces debe ser descartada.

A la luz de ello, también hay algunos que han tenido una experiencia legítima de Dios. La Biblia declara en Joel 2:28 que en los postreros días "vuestros ancianos soñarán sueños, y vuestros jóvenes verán visiones" (vea también Hechos 2:17). Es una promesa bíblica que habrá personas teniendo sueños y visiones. Pablo tuvo la visión de Jesús cuando solo vio una luz brillante y escuchó la voz de Jesús en el camino a Damasco. Esto fue antes de convertirse en cristiano (Hechos 9:3-7). Otra vez, Pablo tuvo otra visión del cielo (2 Corintios 12:1-4) "donde oyó palabras inefables que no le es dado al hombre expresar". Podría de hecho haber muerto en esta visión, los eruditos no lo saben, pero fue una visión, como él mismo declaró. Pablo tuvo otra visión en

Hechos 18:9: "Entonces el Señor dijo a Pablo en visión de noche: No temas, sino habla, y no calles". Juan fue llevado al cielo en una visión (Apocalipsis 4:1; 9:17) y vio muchas cosas. Esteban vio a Jesús de pie en el trono de Dios en el cielo (Hechos 7:55-56) justo antes de que lo apedrearan a muerte por su fe y defensa de Jesús. Cornelio tuvo la visión de un ángel que le dijo que enviara hombres a Jope a ver a Pedro (Hechos 10:1-7). Pedro tuvo una visión donde "vio el cielo abierto, y que descendía algo semejante a un gran lienzo..." (Hechos 10:10-16). En Jonás 2:2 el profeta vio una visión del infierno. Usó la palabra "Seol" que es la palabra hebrea para el lugar de los espíritus de los difuntos. Él dijo: "Desde el seno del Seol clamé, y mi voz oíste". Hay varios comentarios que declaran que Jonás de hecho vio el infierno (Seol), y los cito en mi libro, *El infierno*.[1]

Hay muchos que han visto el infierno. A mí me fue mostrado el infierno en una visión con el propósito de informarle a otros la manera de evitar ese horrible lugar. Soy solamente una señal que guía a las personas a la Biblia, para que revisen las Escrituras por ellos mismos, con el fin de que puedan evitar ese terrible lugar de tormento. Hay muchos versículos en la Biblia que describen el infierno. Los documento en mis tres libros: *23 minutos en el infierno*, *El infierno* y *23 preguntas sobre el infierno*. Si usted cree que es una broma, vendrá un tiempo en el que se arrepentirá enormemente de su cinismo.

No tuve una experiencia cercana a la muerte; tuve una experiencia fuera del cuerpo, que es clasificada como "visión" en la Biblia. En 2 Corintios 12:1-2, Pablo, cuando fue llevado al cielo en una visión, dijo: "Si en el cuerpo, o fuera del cuerpo, no lo sé". Él no lo sabía, así que estaría equivocado decir que no es posible. Vi mi cuerpo tirado en el piso, así que supe que había dejado mi cuerpo, y al regresar, reingresé a mi cuerpo. En una visión es posible viajar, como Pablo y Juan, al cielo en su cuerpo espiritual (1 Corintios 15:44). Ezequiel fue tomado del cabello y llevado a Jerusalén en una visión (Ezequiel 8:3). En Génesis 15:1-5 el Señor tomó a Abraham en una visión y "lo llevó fuera". En Hechos 12:9, Pedro, cuando fue liberado de la cárcel, pensaba que estaba en una visión. En realidad fue liberado, pero él no podía distinguir una visión de la realidad. Esto es porque una visión es tan real como la vida física misma. Dios puede llevar a alguien en una visión a donde le plazca. Ha habido muchos que han visto el cielo o el infierno, y cientos han sido documentados en libros e incluso hay más que no lo han sido. También hay muchos más sueños y visiones registrados en la Biblia.

El Dr. Erwin Lutzer dijo: "Si Esteban vio a nuestro Señor antes de morir, y si Pablo murió y fue llevado al paraíso, es también posible que otros creyentes puedan tener tales visiones".[2]

El Dr. Norvel Hayes dice esto con respecto a las visiones: "Pero hay mucho énfasis sobre este tema en la Biblia, y se debe mostrar gran respeto a cualquier ministerio del Espíritu Santo, incluyendo las visiones".[3]

En todas estas historias la gente experimentó cosas muy similares.

Más experiencias

Juan Bunyan, nacido en 1628, escribió un libro llamado *Visions of Heaven and Hell* [Visiones del cielo y el infierno]. Es conocido por su famoso libro llamado *El progreso del peregrino*, y fue un respetado predicador y pastor de la iglesia bautista en Bedford, Inglaterra. Se le considera muy creíble y reputado. Escribe acerca de un ángel que se le apareció y le dijo: "No temas, porque he sido enviado a mostrarte cosas que no has visto". El dijo:

> Me encontré muy por encima de la Tierra [...] Cuando fui llevado al principio cerca de ese glorioso lugar, vi innumerables huestes de asistentes brillantes, quienes

me dieron la bienvenida a ese asiento gozoso de felicidad [...] Toda esa luz, que fluye con tal transparente brillo a lo largo de esas mansiones celestiales, no es nada más que emanaciones de la gloria divina. En comparación, la luz del sol no es sino oscuridad.[4]

El ángel le dijo:

La muerte no entra dentro de este bendito lugar [...] Ni el pecado ni la tristeza tienen nada que hacer aquí, ya que es la gloria de este lugar feliz estar siempre libere de todo lo que es maligno.[5]

Vio gente allí, incluso a un amigo que había fallecido. Conversó con él y le fueron explicadas muchas cosas sobre el cielo. También le fue mostrado el infierno.

Pronto estábamos rodeados con una oscuridad mucho más negra que la noche. Fui recibido por un hedor sofocante en mucho mayor medida que el de azufre ardiendo. Asimismo, mis oídos estaban llenos de alaridos horribles de los espíritus condenados [...] Ahora estábamos dentro de los territorios del infierno, colocados en las cavernas de las profundidades infernales. Allí, donde el centro de la tierra ajusta todas las cosas [...] vi[mos] dos almas miserables siendo atormentadas por un demonio, que sin cesar los sumergía en fuego líquido y azufre ardiendo [...] Vimos a uno al que un espíritu lo atormentaba metiéndole azufre llameante por la garganta [...] Vimos a una miserable alma casi ahogándose con azufre acostada en una cama de acero ardiente. Clamaba como uno sufriendo una terrible angustia.[6]

El hombre en angustia dijo:

> ¡Con cuanta frecuencia fui presionado a abandonar esos caminos de pecado que con toda seguridad me traerían a las cámaras de la muerte eterna! Pero, como la víbora sorda, no presté oído [...] Se me ofreció salvación, pero la rechacé [...] pero me fue ofrecida miles de veces; sin embargo, infeliz que era, las mismas veces la rechacé. ¡Maldito pecado, que con placeres engañosos hechiza a la humanidad a la ruina eterna![7]

Juan continuó viendo muchos horrores más y los describe a detalle.

La visión de Perry Stone

En su libro, Perry Stone dice:

> No estoy seguro de si fue una visión o un sueño... Miré alrededor y vi a lo lejos diversos tipos de arquitectura... un enorme edificio de piedra blanco y macizo que me recordaba las edificaciones grecorromanas que vemos en los dibujos y pinturas... Vi... una ciudad enorme y muy contemporánea con grandes rascacielos... Toda la ciudad era verde esmeralda... Se me dijo que esta área era para los que habían muerto y habían pasado su vida en grandes ciudades... miré a mi izquierda y reconocí a un joven que se había convertido a Cristo en mi ministerio. Durante su vida este joven usaba un aparato ortopédico en la espalda; había sido deforme de nacimiento. Me gritó y me dijo: "¡Perry! ¡Perry! Míreme... ¡ya no uso más ese aparato! ¡Puedo inclinarme y moverme sin dolor! ¡Míreme!". Lo abracé y nos regocijamos juntos.[8]

La experiencia continúa con algunos comentarios asombrosos y cosas que vio, pero tendrá que conseguir su libro para leer acerca de ellos.

Erwin W. Lutzer comparte una historia en su libro:

> Judson B. Palmer cuenta la historia del reverendo A. D. Sandborn, quien le precedió como pastor de una iglesia en el estado de Iowa. El reverendo Sandborn visitó una joven cristiana quien se encontraba seriamente enferma [...] y con la mirada perdida en la distancia dijo: "Apenas abran la puerta voy a entrar", susurró. Luego se hundió decepcionada en la almohada. "Dejaron entrar a *Mamie* antes que a mí, pero voy a entrar pronto". Unos momentos despues habló de nuevo: "Dejaron entrar a *Grampa* primero que a mí, pero la próxima vez seguro que voy a entrar". Nadie le habló a ella, ni ella dijo nada más a ninguna otra persona, parecía que estaba teniendo visiones de una hermosa ciudad. El reverendo Sandborn salió de la casa para ocuparse en otros asuntos urgentes. Más tarde, aquel día, al pastor le informaron que la joven había muerto en la mañana. Estaba tan impresionado por lo que ella había dicho que preguntó a la familia acerca de la identidad de *Mamie* y *Grampa*. *Mamie* era una niña pequeña que había vivido cerca de ellos pero se había mudado al estado de Nueva York. En cuanto a *Grampa*, se trataba de un amigo de la familia quien se había ido a vivir al suroeste. El reverendo Sandborn procedió a escribir a las direcciones que le suministraron de estas personas, con el fin de averiguar más acerca de ellas. Para su gran asombro, descubrió que tanto *Mamie* como *Grampa* habían muerto la mañana del 16 de septiembre, a la misma hora en que la joven

mujer se había ido a la gloria. La muerte no es el *fin* del camino; sólo es una *curva*.[9]

Otra persona a quien mi esposa y yo conocimos es Lori Haider, quien escribió el libro *Saved From Hell* [Salvada del infierno]. Ella tenía una prometedora carrera después de haberse graduado de la universidad y le estaba yendo bastante bien. Sin embargo, ella había tenido luchas en su vida espiritual desde que era niña. En cierto momento se había vuelto una psíquica, ya que había sido atraída por los asuntos espirituales. Sin embargo, estaba siguiendo la dirección equivocada. Se sumergió en el movimiento de la Nueva Era y enseñaba desarrollo psíquico. Lori dijo:

Gasté varios miles de dólares comprando libros de la Nueva Era y de las religiones del mundo [...] Estaba decidida a entender el hinduismo, el budismo, la espiritualidad de los nativos estadounidenses, el desarrollo psíquico, la astrología y la historia de todas las religiones del mundo [...] Las palabras "Satanás" o "demonios" nunca eran mencionadas [en esos libros]. En ese momento, yo no entendía que Satanás, los demonios o el infierno son reales [...] Yo había estudiado tantas religiones del mundo, que Jesús quedó dentro del montón de todos los otros dioses. Finalmente, llegué a un punto en el que no sabía qué era verdad y si realmente había un Dios.[10]

Ella periódicamente veía demonios y era acosada por ellos. Quedó confundida y deprimida al punto en que decidió suicidarse. Un día, dijo, justo antes de suicidarse:

Sucedió algo inesperado. Una figura que irradiaba una luz dorada se me acercó y me dijo: "Puedo ayudarte con todo lo que piensas que solo se puede curar con tu muerte".[11]

Dijo que Él extendió su mano hacia ella y le dijo:

Solamente tienes que decirme que sí.[12]

Ella continúa diciendo:

Me arrebataron mis planes de morir de debajo de mí [...] Miré a Jesús y le dije: "Sí". Aquí estaba Jesús a quien había rechazado tantas veces en mi vida, viniendo a mí una vez más.[13]

Un día durante un servicio de la iglesia al que ella había asistido con una amiga, sintió que debía arrepentirse de sus pecados. Ella no lo había hecho. Después del servicio, ella estaba con su amiga y cayó enferma. Dijo:

Sentí como si algo me hubiera agarrado de un costado de la cabeza. El dolor era tan intenso que de repente tuve que recostarme [...] Dentro de mi espíritu, escuché las palabras, *aneurisma cerebral*.[14]

Su amiga comenzó a orar por ella. Ella declara que:

Entonces, empecé a ver en el reino espiritual [...] [Vi una criatura con apariencia de reptil que tenía] una de sus garras sobre y en mi cabeza.[15]

Vio una celda en el infierno que era para ella. El fuego se estaba acercando a la celda y pronto quedaría envuelta en las llamas.

Quedé horrorizada cuando me di cuenta de que repetidamente experimentaría ser quemada viva, pero sin nunca ser capaz de morir [...] Unos diez demonios de aspecto siniestro estaban de pie alrededor del perímetro de la celda listos para atormentarme [...] Eran color negro carbón. Eran completamente malignos y parecían torturadores y verdugos profesionales [...] Estaban llenos de satisfacción con ellos mismos porque otra alma estaba entrando en sus dominios. Algunos demonios sostenían instrumentos para torturarme e infligir dolor inimaginable en mí [...] Tendría que sufrir una tortura interminable.[16]

Su amiga llamó al pastor de la iglesia para que orara por ella ya que estaba en tormento, y cuando oró:

...la garra del demonio que había agarrado mi cabeza fue arrebatada, y mi espíritu fue aspirado inmediatamente dentro de mi cuerpo [...] Después de que el impacto por lo sucedido amainó, cuando estaba quebrantada y sola, finalmente me arrepentí delante del Señor [...] Después de que me arrepentí, sentí que la garra de Satanás me dejó para siempre.[17]

Con todo lo que ella experimentó, cambió su vida. Ahora es una cristiana, en paz y que vive para Dios. Mi esposa y yo la conocimos, y creemos que es una mujer muy amable, genuina y sincera.

Rebecca Springer estuvo cerca de la muerte, y un día tuvo una visión del cielo. Escribe:

Estaba [...] descansando sobre el césped más suave y más hermoso, densamente salpicado de flores fragantes [...] Observé lo perfecta que era cada planta y cada flor [...] Bajo los árboles, en muchos grupos felices, los niños estaban riendo y jugando [...] Vi [...] elegantes y hermosas casas de arquitectura extrañamente atractiva [...] No había ninguna sombra de polvo, ninguna mancha de descomposición en la fruta o en una flor. Todo era perfecto.[18]

También tuvo el privilegio de conocer a Jesús. Como ella dice:

Con un grito apagado de alegría y adoración, me arrojé a sus pies [...] Estaba completamente atenta a sus palabras, me bebí cada tono de su voz [...] Y yo fui exaltada, levantada y aliviada, más allá de lo que las palabras tienen el poder de expresar.[19]

Un sueño de Perry Stone

Perry Stone escribe otro sueño que tuvo en 2009:

Estaba caminando con mi amado padre, Fred Stone. En el sueño, papá se había debilitado mucho, caminaba con un bastón... Lo ayudé a entrar a un gran edificio... Yo estaba de pie viéndolo alejarse por el hall, cuando de pronto algo surgió desde el piso. Papá se detuvo, y vi que era como una gran balanza, sobre la cual uno se para a fin de pesarse... suavemente levantó a papá del piso cerca de doce pulgadas. Mientras él estaba allí, ocurrió la más notable metamorfosis. El cabello gris de papá comenzó a cambiar al negro carbón original que él tenía a los veinte... Sus hombros encorvados se enderezaron... se veía como al fin de sus veinte... Papá había sido "pesado" por su obra y el ministerio de su vida y fue hallado digno de entrar al paraíso celestial. Súbitamente observé una habitación... en ese momento ¡mi amado abuelo John Bava salió de una esquina para ver dónde estaba papá! Luego me di cuenta de que había una habitación llena de gente que mi papá había conocido personalmente a lo largo de su vida y ya habían partido, y que esperaban su llegada.[20]

Perry vio mucho más, pero el punto es que estaremos con nuestras familias en el cielo, los que conocen a Jesús como su Salvador personal. La Biblia dice que cuando murieron los patriarcas cada uno "exhaló el espíritu" y "fue recogido a su pueblo" (Génesis 25:8; 35:29).

Otra visión contada por Pearl Ballew Jenkins dice:

> Un ángel que era mi guía [...] me mostró las bellezas del cielo y los horrores del infierno [...] la Ciudad de oro [...] su esplendor superaba todo lo que hubiera contemplado antes [...] Alrededor de la ciudad había grandes arboledas de palmas y muchas otras plantas tropicales [...] césped verde [...] un río [...] En sus orillas había árboles perennifolios cuyas hojas brillaban como diamantes [...] fuentes de agua cristalina.[21]

Continúa diciendo:

> Vi [...] muchas personas vestidas de túnicas blancas [...] Había una mesa larga, alrededor de la cual se reunieron. Jesús estaba de pie a la cabecera, sirviéndoles a medida que entraban [...] No había ruido, ni discordia, sino que frases musicales suaves y dulces llenaban el lugar con melodía, y todo estaba en perfecta armonía. ¡Era el cielo![22]

Ella continúa diciendo que entonces se le mostró el infierno.

> Fui llevada hacia abajo a través de la oscuridad [...]
> Llamas de fuego se revolvían sobre la cabeza de miles
> de personas [...] Estaban gritando, llorando y claman-
> do por agua, pero no se les daba nada de agua. No
> había ningún alivio de su tormento y sufrimiento [...]
> El ángel dijo: [...] "Esto fue el infierno, y es profundo,
> profundo, profundo" [...] sentí el impulso inexplica-
> ble de advertirle a la gente que no vaya a ese horrible
> lugar [...] El calor de las llamas es intenso. No hay
> paz ni alegría aquí. Todo es miseria. Es la muerte eter-
> na. No tiene final.[23]

El Dr. Richard Eby, quien murió y a quien le fue mostrado el
cielo, también más tarde recibió una visión del infierno. Esta es
su historia:

> En un abrir y cerrar de ojos, Jesús estaba parado a mi
> lado [...] "Mi hijo [...] Debes ser capaz de decirles
> que pueden escoger el cielo o el infierno, pero diles
> que morí para cerrar el infierno y abrir el cielo solo
> para ellos. Deben elegir entre mi amor y la vida eter-
> na, y las mentiras de Satanás y la muerte eterna" [...]
> Al instante me di cuenta de que era un pecador muer-
> to siendo llevado a las entrañas más bajas de la tierra
> [...] Un sentido de absoluto terror se apoderó de mi ser.
> La inmensidad de mi aislamiento en la total oscuridad
> y silencio era abrumadora [...] En las profundidades
> de la tierra mi aislamiento fue aterrador. Nadie podía
> ayudar sino Jesús, ¡y se había ido! [...] No volvería a
> ver a otra persona; no podía escapar; nunca escucharía

una voz otra vez; fuera de amigos o enemigos. Nada que leer. Nada que ver. Ningún lugar adónde ir [...] Escuché a los demonios escarneciéndome [...] ¡Y el olor! Horrendo, desagradable, rancio, fétido, podrido, maligno [...] vi que los demonios apestosos, rastreros se deleitaban mentalmente en hacerme miserable [...] Ahora tendría una eternidad de náusea ineludible, además del resto del infierno. Mi terror incrementó hasta quedar listo para colapsar en absoluta desesperanza, aplastante desesperación y soledad abismal. Era un alma eternamente perdida por mi propia elección [...] ¡Las paredes húmedas y pegajosas me mantendrían aplastado por toda la eternidad sin escape, sin un Salvador, sin nada que mantuviera mi cordura! Y entonces todo terminó. La luz se encendió [...] Mi esposa [...] me dijo que no había estado con ello el resto del día. Estaba muy en lo cierto".²⁴

Kenneth E. Hagin tuvo una visión en la cual le mostraron un atisbo del cielo y el infierno (Seol). Afirma:

Fue como si hubiera ido con él por el aire hasta que llegamos a una hermosa ciudad [...] Su belleza iba más allá de las palabras [...] Volvimos hacia abajo desde el cielo, y cuando llegamos a la tierra no se detuvo, sino que siguió adelante [...] Bajamos hasta el infierno, y cuando entramos a ese lugar vi lo que parecían ser seres humanos envueltos en llamas [...] Jesús me dijo: "Adviértele a hombres y mujeres acerca de este lugar", y clamé con lágrimas que lo haría.²⁵

Jesús le dijo:

Yo hablo y digo: "Ve a hablar con este u ora por aquel", pero mi pueblo está demasiado ocupado. Lo dejan para después y las almas se pierden porque ellos no me obedecen.[26]

Si usted decide rechazar la Palabra de Dios y las experiencias de todas estas personas, y de miles más que también han tenido experiencias como estas, entonces es su elección. Cuando esté de pie delante de Dios, no tendrá ninguna excusa. Se habrá enviado a usted mismo al infierno por sus propias palabras, por su rechazo a Jesucristo (Mateo 12:37; Apocalipsis 21:8).

8

¿Cree en un más allá?

USTED PODRÍA DECIR: "No creo en el más allá". Si ese es el caso, entonces tiene que hacerse estas preguntas: si no hay cielo ni infierno, entonces no hay consecuencias para nuestras acciones, y nunca se hace justicia. ¿Eso sería justo, especialmente para los asesinos, los violadores, los abusadores de niños y los Hitlers del mundo? Además, no habría ninguna recompensa para los que se sacrifican. ¿Sería justo? Y si hay un cielo, entonces ¿simplemente tenemos el derecho de ir a este lugar perfecto?

¿Por qué tantas religiones del mundo creen en un cielo y en un infierno? No estoy diciendo que todas las religiones crean de la misma manera, pero la mayoría creen en el más allá. Los escritores del Antiguo Testamento, junto con Jesús y los apóstoles, creían en la vida después de la muerte. Creían que uno podría pasar la eternidad ya fuera en el paraíso o en tormento. Jesús dijo en Mateo 25:46: "E irán éstos al castigo eterno, y los justos a la vida eterna". Hay muchos versículos similares a estos (vea Isaías 33:12-14; Daniel 12:2; Mateo 7:13-14; 13:41-42, 49; 18:8; Marcos 3:29; 9:43; 16:16; Juan 5:29; 15:6; Hechos 24:15; 2 Tesalonicenses 1:9; Apocalipsis 14:10-11; 20:13-15; 21:8).

El Dr. Erwin W. Lutzer escribe: "Los escritores del Antiguo Testamento creían que ir al Seol no era tan solo ir a la tumba, sino también consistía en experimentar una vida consciente más allá de la muerte".[1]

Perry Stone escribe: "Todo intento por hacer del infierno un lugar no literal es vana incredulidad humanística. Cualquier esfuerzo por enseñar que el fuego es espiritual y no literal tampoco tiene lugar en la verdadera interpretación de la completa revelación del infierno en ambos Testamentos... Las almas difuntas de hombres y mujeres que han muerto en Cristo están ahora en el cielo en el paraíso".[2]

El gran evangelista Billy Graham señala: "Siglos antes de Cristo, los babilonios creían en 'la tierra sin retorno'. Los hebreos escribieron sobre ir al reino del Seol, o el lugar de corrupción; los griegos hablaron de la 'tierra invisible'. El budismo clásico reconoce siete 'infiernos calientes', y el Rig Veda hindú habla del profundo abismo reservado para los hombres falsos y las mujeres infieles. El islamismo reconoce siete infiernos. Jesús establece específicamente que los no creyentes no serán capaces de escapar de la condenación del infierno (Mateo 23:33) [...] La Biblia enseña que cada persona que a sabiendas y voluntariamente rechaza a Cristo como Señor y Salvador va al infierno".[3]

Nuevamente, Billy Graham afirma: "Jesús menciona el cielo cerca de setenta veces solamente en el libro de Mateo [...] La Biblia nos enseña que nuestros cuerpos son de carne y hueso, y eventualmente morirán; pero que también somos almas inmortales, eternas. El alma (o el espíritu) [...] nunca morirá, sino que vivirá por siempre en el cielo o en el infierno".[4]

Jesús mencionó la palabra *cielo*, o un derivado de él 125 veces en el Nuevo Testamento. Jesús también mencionó la palabra *infierno* quince veces. Once veces la palabra *infierno* es traducida de la palabra griega *géena*, que es una palabra que Jesús usó para describir cómo sería el infierno. También hay cuarenta y seis versículos en los que Jesús mencionó el infierno, un lugar de destrucción, tormento y fuego eterno. Otros escritores del Nuevo Testamento usan la palabra *infierno* ocho veces. Esta fue claramente una advertencia de que el infierno es un lugar literal.

Randy Alcorn afirma: "Después de que Cristo regrese, habrá una resurrección de los creyentes para vida eterna en el cielo y la resurrección de los incrédulos para su existencia eterna en el infierno (Juan 5:28-29)".[5]

Wayne Grudem dice:

"La Escritura afirma con frecuencia el hecho de que habrá un gran juicio final de los creyentes y los incrédulos. Estarán delante del tribunal de Cristo en cuerpos resucitados y escucharán la proclamación de su destino eterno".[6]

Walter Martin dice:

"La muerte no es la extinción, y el infierno no es una ilusión; el castigo eterno consciente es una realidad aterradora de la justicia infinita de Dios sobre las almas de los hombres incrédulos".[7]

En Hechos 17:30-31 Pablo declara: "Pero Dios [...] ahora manda a todos los hombres en todo lugar, que se arrepientan; por cuanto ha establecido un día en el cual juzgará al mundo con justicia, por aquel varón a quien designó, dando fe a todos con haberle levantado de los muertos" (vea también Mateo 25:31-33; Juan 5:26-27; Hechos 10:42; Romanos 1:18; 2 Timoteo 4:1; Apocalipsis 20:12).

Cada persona comparecerá delante de Dios y será juzgada (Apocalipsis 20:12-15).

¿Cómo será el cielo?

Algunas personas tienen grandes ideas falsas con respecto a cómo es el cielo. El diablo ha engañado a la gente para que piense que el cielo es un lugar aburrido. Algunos piensan que va a ser una eternidad de solo cantar himnos. John Eldredge escribe: "Casi cada cristiano con el que he hablado tiene la idea de que la eternidad es un servicio de iglesia interminable [...] Nos hemos conformado con una imagen de cantos interminables en el cielo, un gran himno tras otro".[8]

El cielo será el lugar más emocionante y activo, más allá de lo que nuestras mentes puedan imaginar. Podremos disfrutar de vida eterna con Jesús, nuestros familiares y seres queridos (Génesis 15:15; 37:35; 49:33; 2 Samuel 12:22-23). Estaremos siempre aprendiendo acerca de Dios y su Palabra (Salmos 119:89, 93, 160; Mateo 24:35). Hay grandes libros de conocimiento que leer (Josué 10:13; 2 Samuel 1:18; 1 Reyes 11:41; 1 Crónicas 29:29; 12:15; 20:34; Salmos 56:8; Isaías 34:16; Jeremías 32:12; Malaquías 3:16-18; Apocalipsis 20:12). Al describir cómo es el cielo Randy Alcorn dice: "También hay otros libros en el cielo".[9] Continúa dando referencias de pasajes que se refieren a libros en el cielo como: Salmos 56:8; 69:28, 139:16; Malaquías 3:16-18; y Apocalipsis 5:1; 5; 20:12. Estaremos aprendiendo por toda la eternidad, pero sin las limitaciones impuestas por nuestra carne débil. Cantaremos las alabanzas de Dios y seremos asombrados por la presencia de Dios (Apocalipsis 22:4).

Una de las cosas que algunos de nosotros vamos a hacer es gobernar sobre ciudades. Jesús le dijo al hombre al que le había dado una mina para que la invirtiera y que había ganado diez minas: "Está bien, buen siervo; por cuanto en lo poco has sido fiel, tendrás autoridad sobre diez ciudades" (Lucas 19:17). Algunos estarán gobernando sobre naciones (Apocalipsis 2:26). Puesto que hay ciudades, habrá muchos eventos y actividades que se llevarán a cabo, como cualquier ciudad tendría. En Mateo 25:23, Jesús les dijo a los hombres a los que les dio cinco y dos talentos: "Bien, buen siervo y fiel; sobre poco has sido fiel, sobre mucho te pondré; entra en el gozo de tu señor". En Mateo 18:4

Jesús declara: "Así que, cualquiera que se humille como este niño, ése es el mayor en el reino de los cielos". Jesús también dijo en Mateo 5:19: "De manera que cualquiera que quebrante uno de estos mandamientos muy pequeños, y así enseñe a los hombres, muy pequeño será llamado en el reino de los cielos; mas cualquiera que los haga y los enseñe, éste será llamado grande en el reino de los cielos".

Habrá diferentes recompensas en el cielo. Algunos tendrán una gran recompensa en el Reino (Mateo 5:12; 6:18; 11:11; Marcos 9:41). Jesús dijo en Mateo 23:11: "El que es el mayor de vosotros, sea vuestro siervo" (vea Mateo 20:27; 24:46). Jesús dijo que vino para servir, no para ser servido. En Lucas 22:27 Jesús dijo: "Pero estoy entre vosotros como el que sirve". Para ser grande en el Reino de Dios debemos aprender a ser un siervo.

Allí habrá cosas preciosas para disfrutar y una herencia reservada para nosotros (Deuteronomio 33:13; Salmos 37:18; 1 Pedro 1:4). Habrá un tesoro almacenado para aquellos que no están preocupados por amontonar tesoros en la tierra (Mateo 6:19-21). Jesús declaró que está preparando una mansión para cada uno de nosotros (Juan 14:2). Estoy seguro de que quedaremos asombrados por la arquitectura. Sabemos que hay ventanas, puertas, paredes, niveles y pilares en el cielo (2 Reyes 7:2; Salmos 78:23; Amós 9:6; Job 26:11; Apocalipsis 21:11-23). Hay abundancia de cada piedra preciosa, donde incluso las paredes están hechas de toda clase de piedras raras (Apocalipsis 21:19). El cielo superará por mucho nuestros sueños más locos. Primera de Corintios 2:9 dice: "Cosas que ojo no vio, ni oído oyó, ni han subido en corazón de hombre, son las que Dios ha preparado para los que le aman".

Hay calles de oro puro, tan puro que lucen transparentes (Apocalipsis 21:18, 21), y hay hermosos árboles (Apocalipsis 2:7; 22:2) y alimentos para comer (Salmos 78:25; Isaías 25:6; Mateo 26:29; Lucas 14:15-24; 22:18, 29-30; 24:41; Apocalipsis 2:7; 19:9). Habrá un banquete preparado para nosotros (Cantares 2:4; Isaías 25:6;

101

Lucas 22:29-30). Vamos a tener un cuerpo como el de Jesús después de su resurrección, de carne y hueso. Él comió después de su resurrección (Lucas 24:39; 1 Juan 3:2). Tenía un cuerpo glorificado, como nosotros también tendremos. Podremos dormir si lo deseamos (Salmos 127:2). Habrá formas interesantes de viajar. Elías fue recogido en un carro de fuego (2 Reyes 2:11; Salmos 68:17; 104:3; Isaías 66:15; Habacuc 3:8). La velocidad para viajar será más rápida que la luz, ya que se alcanza el cielo en un segundo (Salmos 11:4; Eclesiastés 5:2; Hechos 7:49; 2 Corintios 5:8). Hay un hermoso mar de cristal (Apocalipsis 4:6). Habrá canto (1 Crónicas 25:7; Salmos 104:33; Isaías 38:20; Marcos 14:26; Efesios 5:19; Santiago 5:13; Apocalipsis 5:9; 14:2-3, 15:2-3) e instrumentos para tocar (1 Crónicas 25:1-8; Salmos 150; Isaías 38:20; Apocalipsis 8:7-13; 15:2). Seremos capaces de acariciar un león (Isaías 65:25). Habrá ángeles sorprendentes con todo su poder, tamaño inmenso y fuerza para contemplar (Salmos 103:20; 2 Pedro 2:11). Los ángeles son un ejército innumerable (Daniel 4:35; Jeremías 33:22). No habrá ninguna enfermedad en el cielo ni dolor (Apocalipsis 21:4). No habrá más muerte o pérdida de seres queridos (1 Corintios 15:55; Apocalipsis 21:4).

Seremos capaces de sentarnos con los grandes líderes del pasado que eran cristianos. Hablaremos con Adán y Eva, Noé, Abraham, Moisés, el rey David, el rey Salomón, Daniel, José, Isaías, Jeremías, Ezequiel, Ester, Pablo, los apóstoles y más (Mateo 26:29; Lucas 13:28-29). Sobre todo, podremos ver a Jesús y hablar con él (Mateo 26:29; Apocalipsis 22:4). Podremos inquirir de Dios en su templo (Salmos 27:4). ¿Se imagina aprender de Dios mismo las respuestas a las muchas preguntas e intereses que todos tenemos?

La Biblia incluso describe una nueva ciudad que desciende del cielo y llega a la tierra. Es colocada en una Tierra nueva, reconstituida (Isaías 65:17; 66:22; 2 Pedro 3:13; Apocalipsis 21:1-2, 10). Esta nueva ciudad es donde habitarán la mayoría de los cristianos. Apocalipsis 21:1-2 nos dice: "Vi un cielo nuevo y una tierra nueva

[...] Y yo Juan vi la santa ciudad, la nueva Jerusalén, descender del cielo, de Dios, dispuesta como una esposa ataviada para su marido".

Randy Alcorn dice:

> Según los profetas, el apóstol Pedro y Cristo mismo, nuestro destino es vivir para siempre en una Tierra restaurada y renovada [...] La Escritura describe el cielo como un país (Lucas 19:12; Hebreos 11:14-16) y una ciudad (Hebreos 12:22; 13:14; Apocalipsis 21:2). Quince veces en Apocalipsis 21 y 22 el lugar en el que Dios y su pueblo van a vivir juntos es llamado una ciudad. La repetición de la palabra y la descripción detallada de la arquitectura, muros, calles y otras características de la ciudad sugieren que el término *ciudad* no es meramente una figura retórica sino un lugar geográfico literal [...] La ciudad en el centro del cielo futuro se llama la Nueva Jerusalén [...] Está ubicada en la cima de una colina.[10]

El Dr. Erwin W. Lutzer afirma:

> Vamos a considerar algunas características de este hermoso y permanente hogar. Las dimensiones se presentan en un cubo de quinientas millas [3,885 km] cuadradas. "La ciudad se halla establecida en cuadro, y su longitud es igual a su anchura; y él midió la ciudad con la caña, doce mil estadios; la longitud, la altura y la anchura de ella son iguales" (Apocalipsis 21:16). Si tomamos esto literalmente, ¡podemos decir que el cielo estará compuesto de 396 000 pisos (veinte pies [6.10 m] de altura por piso), cada uno con un área tan grande como la mitad del tamaño de los Estados Unidos! [...] Juan escribió en Apocalipsis que la ciudad

tenía la gloria de Dios: "Su fulgor era semejante al de una piedra preciosísima, como piedra de jaspe, diáfana como el cristal" (21:11) [...] La Nueva Jerusalén es una ciudad de belleza y brillo que no se puede imaginar.[11]

Abraham esperaba morar en esta ciudad. Hebreos 11:10 dice: "Porque esperaba la ciudad que tiene fundamentos, cuyo arquitecto y constructor es Dios".

Filipenses 3:20 dice: "Mas nuestra ciudadanía está en los cielos" (vea también Lucas 10:20; Juan 14:2; 2 Corintios 5:1; 1 Pedro 1:4; Apocalipsis 22:14). También habrán otras ciudades en la tierra (Lucas 19:17-19). La vida será similar, ya que tendremos [con nosotros] a nuestra familia y amigos, siempre y cuando hayan sido cristianos.

Perry Stone escribe: "El cielo mismo es en muchos aspectos como la Tierra, con ríos (Apocalipsis 22:1), árboles (v. 2), una ciudad (Apocalipsis 21:2), montañas (Hebreos 12:22), libros (Apocalipsis 20:12) y tantas otras cosas".[12]

Es un lugar al que ciertamente estoy esperando ir, y tendré el privilegio de vivir allí con mi bella esposa para siempre.

Tres versículos muy importantes sobre el cielo

La Escritura contiene 740 versículos acerca del cielo; estos son tres de los más importantes:

> » Mateo 7:21: "No todo el que me dice: Señor, Señor, entrará en el reino de los cielos, sino el que hace la voluntad de mi Padre que está en los cielos".
>
> » Mateo 18:3: "De cierto os digo, que si no os volvéis y os hacéis como niños, no entraréis en el reino de los cielos".
>
> » Juan 14:2: Jesús mismo dijo: "En la casa de mi Padre muchas moradas hay; si así no fuera, yo os lo hubiera

dicho; voy, pues, a preparar lugar para vosotros". Él promete preparar lugar para nosotros (1 Juan 2:25).

¿Estamos demasiado cómodos?

Están aquellos que están preocupados por su propia vida cómoda, y no tienen expectativa por la aburrida vida que han imaginado en el cielo. El cielo no resulta tan atractivo para algunos. Por supuesto, están mal informados. En nuestro país hemos sido muy bendecidos y hemos podido disfrutar de muchas cosas maravillosas. Algunos podrían sentirse demasiado cómodos como para realmente esperar el cielo.

Edward Donnelly escribe:

> En su mayor parte, somos relativamente ricos, razonablemente sanos, tolerablemente felices. La vida es dulce y, sin darnos cuenta, estamos drogados por el bienestar y la prosperidad [...] Hemos intercambiado lo "más o menos dulce" por el próspero aquí y ahora [...] La sociedad nos ofrece una gama deslumbrante de experiencias, desde las nuevas tecnologías de entretenimiento interactivo a vacaciones en el extranjero cada vez más exóticas. La misma comodidad de este mundo hace que el cielo sea menos atractivo.[13]

Como un autor escribió:

> ¿Si le ofrecieran un puñado de billetes de mil dólares o un vaso de agua fresca, cuál elegiría? Los billetes de mil, por supuesto; *cualquiera en su sano juicio lo haría*. Sin embargo, si usted estuviera arrastrándose a través de un desierto, muriendo de sed [...] ¿cual tomaría? El agua, por supuesto; *cualquiera en sus cabales*

lo haría. Eso se llama "prioridades circunstanciales". Sus prioridades cambian según las circunstancias [...] En este momento, quizá no esté interesado en la oferta [la salvación, el cielo], pero en el Día del Juicio sus circunstancias cambiarán radicalmente. Entonces será demasiado tarde.[14]

Debemos llegar a darnos cuenta de que después de que dejemos esta bendita vida, no seremos capaces de disfrutar de algo bueno a menos que moremos en el cielo, porque "toda buena dádiva y todo don perfecto desciende de lo alto, del Padre de las luces, en el cual no hay mudanza, ni sombra de variación" (Santiago 1:17). A menos que conozcamos a Jesús personalmente, nunca experimentaremos "el bien" después de esta vida.

Somos capaces de disfrutar lo bueno de la vida porque Salmos 33:5 dice: "...de la misericordia de JEHOVÁ está llena la tierra". Sin embargo, después de morir, solo podremos experimentar sus comodidades y bendiciones en el cielo, porque ya no existirán en ninguna otra parte. Puesto que nuestras almas son eternas (Génesis 1:26), vamos a vivir para siempre en uno de los siguientes dos lugares: el cielo o el infierno. El infierno fue preparado para el diablo y no para el hombre. El hombre tiene una elección. Como el cielo y Dios son perfectos, no puede permitirnos entrar al cielo como somos. Lo corromperíamos al igual que lo hemos hecho con la tierra. Apocalipsis 21:27 dice: "No entrará en ella ninguna cosa inmunda, o que hace abominación y mentira, sino solamente los que están inscritos en el libro de la vida del Cordero". Tenemos que tener un corazón nuevo y un espíritu nuevo para entrar en el cielo, y eso no puede venir a través de buenas obras (2 Corintios 5:17; Efesios 2:8-9; Tito 3:5). Solo puede venir a través de una relación con Jesucristo (Juan 14:6).

Dios es un ser tripartito.

Primera de Juan 5:7 dice: "Porque tres son los que dan testimonio en el cielo: el Padre, el Verbo y el Espíritu Santo; y estos tres son uno" (vea también Génesis 1:26; Mateo 28:19; Marcos 1:10-11; Juan 14:26, 16:13; 1 Juan 4:14). Hay por lo menos cincuenta y cuatro otros versículos en el Nuevo Testamento con respecto a la Trinidad.

El hombre es un ser tripartito. Primera de Tesalonicenses 5:23 nos dice: "…y todo vuestro ser, espíritu, alma y cuerpo, sea guardado irreprensible para la venida de nuestro Señor Jesucristo" (vea también Génesis 2:7; 35:18; 1 Samuel 25:29; 1 Reyes 17:22; Job 32:8; 33:28; Salmos 26:9; 34:22; 49:8-9; 116:8; 141:8; Proverbios 20:27; 23:14; Eclesiastés 3:20-21; 12:7; Isaías 26:9; 38:17; Mateo 10:28; Lucas 12:5; Hechos 7:59; 2 Corintios 4:16; Santiago 2:26).

Perry Stone escribe: "Una de las razones por las que la vida después de la muerte es 'eterna' es que todos los seres humanos somos tripartitos: 'espíritu, alma y cuerpo' (1 Tesalonicenses 5:23). El cuerpo regresa al polvo, pero el espíritu humano es eterno y no puede ser destruido ni aniquilado".[15]

Mi pregunta para usted es: ¿Ya sabe a dónde irá su alma después de morir?

9

¡Dios no se rinde!

Estas son algunas historias personales que hemos experimentado y que nos impactaron enormemente.

Tragedia inesperada

Acababa de hablar en una iglesia en el área metropolitana de San Diego, y el nieto del pastor, Mike (no es su nombre real), compartió conmigo acerca de su mejor amigo (le llamaremos Nick), quien tenía veintitrés años. Dijo que había traído a su amigo a oírme hablar, pero que su amigo le dijo que no creía en Dios, el cielo, el infierno ni en ninguna otra cosa de las que había hablado. Mike le dijo: "Tú eres mi mejor amigo, y quiero que vayas al cielo conmigo". El ateo, Nick, dijo: "No me hables acerca de esa basura de la Biblia, no me interesa". Bueno, un par de semanas más tarde estaban desayunando juntos y Mike intentó compartir con Nick otra vez acerca de Dios. Nick otra vez dijo: "Nunca me hables otra vez sobre esa tontería. No voy convertirme en cristiano, así que déjame en paz". Mike estaba triste, pero honró la petición de su amigo y dejó de tratar de convencerlo en el desayuno. Nick se levantó de la mesa, subió a su auto y se marchó. Cinco minutos más tarde tuvo un accidente automovilístico y chocó contra un muro de ladrillo. Murió instantáneamente. Esta es una historia verdadera.

Mike estaba muy afectado por haber perdido a su mejor amigo, pero estaba mucho más afectado porque, a menos que Nick hubiera cambiado en los últimos minutos, estaba en el infierno. Qué horrendo, porque no tenía que ir allí. Fue su terca voluntad, el hecho de que no hiciera caso, lo que provocó tal destino. Su amigo le había hablado muchas otras veces y también otros. Todos tenemos libre albedrío. Dios no fuerza a nadie a entrar al cielo.

¡Se le dio una última oportunidad!

En una ocasión tuve una cita para hacer un contrato para vender una casa en el vecindario donde las había estado vendiendo. Hacia el final de la cita, la mujer comenzó a contarme sobre su batalla contra el cáncer. Era obvio que no estaba bien. De hecho, sentí que no lograría sobrevivir la cita: así de mal se veía. Me sentí muy mal por ella. Le pregunté si podía orar por ella. Ella rápidamente respondió con un fuerte: "¡No!". Le pregunté por qué, y ella dijo que no creía en Dios, que la Biblia estaba llena de historias de cuentos de hadas. Me esforcé mucho para explicarle sobre cuánto la amaba Dios y su deseo de que ella fuera al cielo. Ella nuevamente se burló de mí y se negó a escuchar. Seguí tratando de llegar a ella, ya que sentía dentro mío que no viviría por mucho tiempo. Sin importar lo que dijera, sin importar cuánto le expliqué el amor de Dios, ella no quiso escuchar, y de hecho empezó a enojarse conmigo. Así que me levanté de la mesa y le dije que comenzaría la comercialización de su casa como ella me había pedido. Bueno, a la mañana siguiente había muerto.

Ahora no pude evitar pensar que si ella no consideró lo que le dije, y en que si ella no se arrepintió y clamó a Jesús, entonces ya sabía donde estaría para toda la eternidad. Ahora tendría una eternidad en el infierno para pensar en su tonta decisión. Dios había intentado llegar a ella, incluso hasta en el último día, pero ella se había negado a escuchar.

Como puede ver, la gente no está en el infierno porque no sabía. Ellos saben, pero se niegan a aceptar el regalo gratuito de Dios. ¿Por qué alguien rechazaría un regalo tan maravilloso? Es simplemente ilógico. Es porque es espiritual. El diablo ciega a las personas, pero ellos son los que retienen las mentiras del diablo. Jesús dijo en Mateo 13:15: "Porque el corazón de este pueblo se ha engrosado, y con los oídos oyen pesadamente, y han cerrado sus ojos; para que no vean con los ojos, y oigan con los oídos, y con el corazón entiendan, y se conviertan, y yo los sane". Note que *ellos* cerraron sus propios ojos. No quieren ver o escuchar, al igual que la anciana a quien le supliqué que escuchara. Dijo que ella no creía en Dios. Jesús dijo que nuestras propias palabras nos condenarán (Mateo 12:37).

Billy Graham afirma: "¿Un Dios de amor enviará al hombre al infierno? La respuesta de Jesús y las enseñanzas de la Biblia es ¡claramente 'sí'! Él no envía al hombre voluntariamente, sino que el hombre se condena a sí mismo al infierno eterno porque en su ceguera, terquedad, egoísmo y amor por el placer pecaminoso, se niega al camino de salvación de Dios y la esperanza de vida eterna con Él".[1]

Otro punto es: usted no sabe si será la última persona que alguien vea ese día antes de morir. Si compartimos la Palabra de Dios, podríamos cambiar el destino eterno de alguien. Debemos ser cuidadosos para obedecer a Dios y predicar el evangelio.

Una perspectiva eterna

Allí estaba una chica de doce años que se acercó a mi esposa y a mí después de que acabábamos de hablar. Estábamos en la parte trasera de la iglesia hablando con la gente. Se acercó a nosotros con lágrimas. Ella nos dijo que el año anterior alguien le había dado nuestro libro, y ella lo leyó e inmediatamente le pidió a Jesús que entrara en su corazón. Se había convertido en cristiana, pero el resto de su familia no. Dijo que ella comenzó a orar por ellos para que fueran salvos y siguió orando durante un año. Al año siguiente, escuchó que mi esposa y yo estaríamos hablando en una iglesia de su ciudad natal. Ella estaba muy emocionada y quería conocernos. Le suplicó a su familia que viniera a oírnos hablar. Para su asombro toda su familia: hermanos, hermanas, padres y abuelos accedieron a venir. Ella estaba llorando porque todos habían pasado al frente en el llamado al altar y le habían dado su corazón al Señor. Entonces ella dijo: "Aquí están; quiero que conozcan a toda mi familia". Todos estaban llorando y muy felices.

El punto principal es este: Quedamos muy impresionados por esta joven porque tenía una perspectiva eterna de estar tan preocupada por su familia a una edad tan joven. Ella no quería soltarnos las manos mientras continuaba riendo y llorando de emoción. Nunca la olvidaremos, y cuando lo pienso: ¿Qué hubiera pasado si no hubiéramos ido a ese viaje? Debemos ser obedientes para hacer lo que el Señor nos instruya que hagamos. Mi esposa y yo a veces no queremos levantarnos tan temprano, conducir a Los Ángeles, volar a lo largo de todo el país, cambiar de avión, alquilar un coche, conducir otro par de horas, quedarnos en otra habitación de hotel, escuchar a los de la habitación vecina con la TV encendida toda la noche y así sucesivamente. No es fácil salir en todos estos viajes, pero los resultados nos animan a continuar.

¡Lo que pueden comprar veinticinco centavos!

En otra ocasión, después de que terminé de hablar y de invitar a la gente a acercarse para entregar su vida al Señor, un niño de siete años subió al escenario y estaba llorando. Dijo que acababa de pasar al frente en el llamado al altar y que le había dado su corazón a Jesús. Quería agradecerme por mostrarle el camino y haberlo puesto en el rumbo correcto. Entonces metió su mano en su bolsillo y me dijo: "Quiero darle esto, para apoyar su ministerio porque ha cambiado mi vida. ¡Sé que cambiarán la vida de otros también! Esto es todo el dinero que tengo". Y me dio veinticinco centavos. Estaba tan conmovido. Imagínese: ¡Solo tenía siete años y ya tenía la madurez de estar preocupado por los demás y de dar todo lo que tenía! Nos sentimos tan honrados. Me tomé el tiempo para animarlo y agradecerle su apoyo, y sobre todo, por su compromiso de servir a Dios. Colocamos la moneda en un marco y la guardaremos siempre. Hay muchos cristianos de cincuenta años de edad que no tienen la preocupación y el entendimiento por otros que él mostró. Como dice la Biblia: "De boca de los niños…" (Salmos 8:2). Su moneda le hizo ganar mucho respeto de mi parte y una mano abierta de parte de Dios.

¿Demasiado duro para que Dios lo alcance?

Otro encuentro que compartiré es el que tuve con mi vecino. Era un tipo duro, viejo y obstinado que no estaba interesado en lo absoluto en Dios. No obstante, me caía bien porque era directo y franco. Sin embargo, no permitiría ni una conversación acerca de Dios. Bueno, un día descubrimos que estaba en el hospital muriendo de cáncer. Su esposa nos dijo que casi había muerto la noche anterior y que apenas estaba sosteniéndose. Le preguntamos si podríamos ir a visitarlo. Ella nos dijo: "Por supuesto, pero no hablen de religión. No aceptará eso". Fuimos ese día, y después de que hablamos un poco, compartió con nosotros que casi había muerto la noche anterior. Dijo que pudo sentir que se escapaba de su cuerpo y que estaba aterrorizado por primera vez en su vida. Para que este hombre se asustara fue algo fuera de lo normal, porque era un héroe de guerra, duro y fuerte y que no mostraba sus emociones. Le preguntamos de qué tenía tanto miedo. Explicó que sintió terror y oscuridad total. Él dijo:

"Nunca he estado tan asustado, y no sé adónde iba, pero sabía que no era un buen lugar".

Le explicamos que la razón por la que tenía miedo era porque iba hacia un lugar en el que realmente no quería terminar. Le dijimos que la Biblia habla de tal lugar, un lugar de horror inimaginable. También le dijimos que Dios lo amaba y que quería llevarlo al cielo. Sin embargo, lo que tenía que hacer era tomar una decisión. Necesitaba entender su necesidad de un Salvador, pedir perdón por sus pecados y aceptar a Jesucristo en su corazón. Tomamos bastante tiempo y le explicamos la salvación, y después de un rato, nos tomó de las manos y con una lágrima corriendo por su rostro, nos pidió que si lo guiábamos en una oración para aceptar a Jesús en su corazón. Oramos con él, y nos dijo que de repente sintió una paz total venir sobre él. Dijo que era una paz que nunca había sentido antes. Estaba tan feliz y nos los agradeció profusamente. Estuvimos un rato más con él y luego le aseguramos acerca de su morada eterna en el cielo. Nos fuimos, y falleció al día siguiente. Nuevamente, estábamos muy contentos de haber ido a verlo.

Es sorprendente que muchas personas ni siquiera hablan con Dios hasta que están en su lecho de muerte. El problema es que muchos no tendrán la oportunidad de estar en su lecho de muerte para aceptar a Jesús. Ellos podrían morir de repente. Proverbios 29:1 dice: "El hombre que reprendido endurece la cerviz, de repente será quebrantado, y no habrá para él medicina" (vea también Proverbios 6:15; 24:22; Isaías 29:5; 47:11; 1 Tesalonicenses 5:3). Este hombre tuvo una probada previa de la vida después de la muerte, y entonces cambió. ¡Quizá usted no sea tan afortunado!

Terca, pero sumisa

Allí estaba una chica de trece años que se me acercó después de terminar el llamado al altar en una iglesia donde estaba hablando.

Me dijo que desde hacía un año uno de sus amigos le dio un libro [y le dijo] que debería leerlo llamado *23 minutos en el infierno*. Bueno, lo tiró a la basura. Una semana más tarde, otra amiga le dijo que debería leer un libro llamado *23 minutos en el infierno*. Aun así no lo leyó. Luego, unas semanas después, una tercera amiga le dio nuestro libro y le dijo que debería leerlo. Aun así seguía sin leerlo. Esto continuó durante un mes, en el que todo el mundo que conocía le estaba dando nuestro libro, sin saber que los otros estaban haciendo lo mismo. Dijo que pensó que era muy extraño. Empezó a contar a toda la gente que le dijo que leyera el libro, ¡y el total fue de 23 personas al final de un mes! Eso realmente llamó su atención, puesto que era el número veintitrés. Finalmente decidió leerlo, y ella aceptó al Señor y dijo la oración al final de nuestro libro. Ella solamente quería darme las gracias, y dijo que el número veintitrés tenía un significado especial para ella ahora, y estaba muy agradecida de ser cristiana. El significado bíblico del número 23 es "muerte". Ella finalmente decidió morir a sí misma y vivir para Dios.

El punto principal que quiero que vea es cuántas veces el Señor trató de llegar hasta ella. Dios fue persistente, le envío veintitrés personas para llamar su atención. Si no me hubiera dicho esta historia ella misma, no lo habría creído. Dios no se rinde. Es nuestra propia terca voluntad la que lo rechaza por última vez, y entonces Él nos permite seguir nuestro propio camino.

¡Hasta el último momento!

Este era un hombre (lo llamaremos John) con quien serví en la junta de nuestra asociación de propietarios. Estaba muriendo de una enfermedad. Era un hombre muy inteligente y educado, y un hombre que apreciaba tener conmigo en esa junta. Era rudo, no tenía paciencia ni tolerancia para las tonterías. No era una persona sociable, y a la mayoría de la gente no le simpatizaba. ¡Pero por supuesto que conocía las reglas y normas para el vecindario! Bueno, yo siempre tuve amistad con él a lo largo de los años, y él sabía que yo apreciaba su inteligencia. Aunque él era ateo, nos llevábamos muy bien. Nunca le prediqué, y le agradecí a menudo por su conocimiento y contribución al vecindario.

Un día terminó en el hospital, y esta vez era muy grave. Tenía setenta y cinco años y estaba en muy mal estado de salud, muriendo de una enfermedad mortal. Adelgazó a unas cien libras [45,36 kg]. Yo sabía que él no tenía amigos y su familia había muerto, con excepción de un hermano. Descubrí que había estado en el hospital durante una semana. Me sentí fuertemente obligado a ir a verlo ese día. Cuando llegué, descubrí que los médicos no esperaban que sobreviviera la noche, y apenas se mantenía vivo. Me alegré de haber ido. Empecé a hablar con él (él apenas podía susurrar), y le dije otra vez cuánto apreciaba sus vastos conocimientos sobre tantas cosas. Pero compartí esto con él: "John, aunque has aprendido mucho en la vida y has experimentado tantas cosas, hay un tema que creo que nunca has investigado. A este tema le he dedicado gran parte de mi vida a investigarlo y vivirlo. Entonces, ¿te importaría si te comparto de lo que sé acerca de esto contigo?". Él me dijo: "No, no me molesta, y estoy ansioso de escuchar sobre lo que ya sé que me vas a compartir".

Conocía mi estilo de vida, pero nunca le había predicado antes. Empecé a explicarle que él estaba a punto de embarcarse en un viaje que iba a durar para toda la eternidad. Además, le dije que no estaba preparado para lo que le esperaba. Le expliqué la salvación, lo que significaba ser cristiano. Le dije que solo había dos destinos a los que se enfrentaría y que era su elección dónde pasar la eternidad. "Si no le pides a Dios que perdone tus pecados e invitas a Jesús a tu corazón, no pasarás la eternidad en el cielo, sino en el infierno". Le dije que Dios lo estaba llamando en ese momento, y que nadie podía venir a Dios a menos que

Él lo llamara (Juan 6:37, 44). "Este es tu momento", le expliqué. Le compartí algunas historias de la Biblia y respondí sus preguntas. Después de dos horas, me preguntó, con lágrimas en los ojos, si podía aceptar al Señor como su Salvador. Yo con mucho gusto lo guié en una oración, y él entendió lo que estaba haciendo. Lloró y lloró y me agradeció por mostrarle el camino. Nunca había estado abierto a oír hablar de la Biblia antes, pero ahora sabía que no sobreviviría la noche. Bueno, más tarde esa noche murió. Sentí mucho saber que se había ido, pero también estaba muy feliz de que hubiera logrado llegar al cielo y de que yo había obedecido ese silbo apacible diciéndome que fuera a verlo ese día.

El punto principal que quiero que vea es este: Considere la longanimidad de Dios (Romanos 2:4; 1 Timoteo 1:16; 2 Pedro 3:15). A pesar de que este hombre había negado vehementemente a Jesús toda su vida, Dios todavía estaba tratando de llegar a él, incluso en el último minuto. Incluso si alguien maldice y odia a Dios, Dios aún lo aceptará en el cielo si se arrepiente. Considere al ladrón en la cruz (Lucas 23:43). Dios siempre trata de despertar a la gente a la verdad, incluso en su último aliento.

> » Salmos 86:5 declara: "Porque tú, Señor, eres bueno y perdonador, y grande en misericordia para con todos los que te invocan".
>
> » Salmos 145:8-9 dice: "Clemente y misericordioso es JEHOVÁ, lento para la ira, y grande en misericordia. Bueno es JEHOVÁ para con todos, y sus misericordias sobre todas sus obras".

Y el segundo punto es este: cuando Dios nos dice que vayamos a visitar a alguien y le compartamos nuestra fe, debemos tener cuidado de obedecer inmediatamente. La pregunta que tengo para usted es esta: ¿Dios me consideraría responsable si no hubiera ido a ver a ese hombre? Antes de responder, tal vez quiera considerar estos versículos y opiniones de comentarios:

> » Ezequiel 33:8 dice: "…si tú no hablares para que se guarde el impío de su camino, el impío morirá por su pecado, pero su sangre yo la demandaré de tu mano".
> » Hechos 18:6 dice: "Vuestra sangre sea sobre vuestra propia cabeza; yo, limpio".
> » Hechos 20:26 dice: "Estoy limpio de la sangre de todos".
> » Hechos 20:27 dice: "Porque no he rehuido anunciaros todo el consejo de Dios".
> » Colosenses 1:27-28 dice: "Cristo en vosotros, la esperanza de gloria, a quien anunciamos, amonestando a todo hombre".

Si rehuimos a este respecto declarar todo el Consejo de Dios, parte al menos de la responsabilidad de su ruina recaerá en nuestra puerta.[2]

Es una responsabilidad solemne, y le hacemos daño a nuestra propia alma si no la cumplimos fielmente.[3]

Ciertamente la consecuencia por tal infidelidad por parte del predicador incluye castigo divino y la pérdida de su recompensa eterna (vea 1 Corintios 4:1-5).[4]

La sangre de aquellos que perecieron por su descuido *será reclamada de su mano*. Será responsabilidad de ellos en el día de rendir cuentas que fue debido a su infidelidad que tales y tales almas preciosas perecieron en pecado; porque ¿quién sabe si por haber tenido una buena advertencia quizá podrían haber huido a tiempo *de la ira venidera?*[5]

Serás considerado por mí como un asesino, serás responsable en el ámbito de las obras (no de la salvación) y tendrás tu recompensa o la pérdida de ella según sea el caso [...] responsabilidad personal.[6]

Dios no está diciendo que se espera de nosotros que le testifiquemos a cada persona que veamos. Sin embargo, debemos tener cuidado de obedecer a Dios cuando nos dirija a *cierto individuo*. Si no obedecemos, creo que la Escritura es clara en que Dios nos considerará parcialmente responsables. No vamos a perder nuestra salvación, pero perderemos nuestra recompensa y sentiremos vergüenza ese día. En su misericordia enjugará toda lágrima, y por eso es que derramaremos algunas de nuestras lágrimas (Apocalipsis 21:4). Es un pensamiento muy aleccionador que seremos considerados responsables, y debemos tomarlo con seriedad. Nuestro trabajo es ser un testigo de Jesucristo (Marcos 16:15). Ahora, la mayoría de nuestro testimonio es a través de nuestro ejemplo de vida, pero también debemos buscar todas las oportunidades de compartir la Palabra de Dios con los demás. Es un maravilloso privilegio que se nos haya confiado el evangelio, pero también es una responsabilidad muy seria.

Primera de Tesalonicenses 2:4 nos dice:

"Sino que según fuimos aprobados por Dios para que se nos confiase el evangelio, así hablamos; no como para agradar a los hombres, sino a Dios, que prueba nuestros corazones".

La persistencia de una madre

Voy a compartir una historia más y esta es muy personal. Mi hermano menor murió de cáncer hace poco. Perder un familiar inmediato es un asunto muy desgarrador qué soportar, como quizá algunos sepan. Todos lo extrañamos mucho. Era una persona amable, tenía un buen corazón, y haría cualquier cosa por uno. Era un buen trabajador, y se preocupó grandemente por sus cuatro hijos. Se divorció hace muchos años, lo cual fue muy difícil de manejar para él, principalmente debido a sus hijos. Un día perdió su trabajo en la crisis económica. Él era un techador, que es un trabajo muy duro, especialmente en Florida donde hace mucho calor en el verano. Ahora solo le daban los trabajos realmente pobres que nadie quería, pero él los tomaba solo para tener algún ingreso. Siempre había sido un techador respetado en la industria, y era conocido por su excelente trabajo. Tenía la capacidad de hacer los techos más difíciles que muchos otros no podían hacer. Fue triste verlo tomar trabajos tan humildes, con todo su talento. También se estaba poniendo demasiado viejo para seguir haciendo un trabajo tan duro, ya que tenía cincuenta y tres. Tuvo algunas lesiones muy graves, fracturas de huesos y similares, y el doctor le dijo que ya no podía trabajar más en eso. Pero él estaba decidido a darle lo máximo posible a su familia. Sus hijos eran el orgullo de su vida. Sin embargo, ahora tenía mucho dolor, y se le estaba haciendo casi imposible hacer el trabajo. Normalmente volvía a casa tras un día duro en el techo, y encontraba relajación en algunos cigarrillos y un par de cervezas. Sin embargo, a medida que se volvió cada vez más difícil encontrar trabajo, empezó a deprimirse, y comenzó a beber y fumar más y más. Ahora tenía muchas deudas, y no podía ganar lo suficiente para mantenerse al día con todo. Le embargaron el coche. Se arruinó su crédito. Había facturas por pagar por todas partes. Esto continuó durante años. Tuvo que dejar perder su casa años antes, y tuvo que mudarse de regreso con nuestros padres. Tenía muchos desacuerdos con nuestro padre, lo cual incrementaba el estrés que ya tenía.

Mi esposa y yo le habíamos hablado de Jesús a lo largo de los años. Él nos respetaba, y nos amaba mucho, pero no estaba interesado en Dios o en renunciar a su estilo de vida. Tampoco estaba dispuesto a dejar de fumar y beber. Había estado en eso desde que era adolescente, pero ahora estaba mucho peor. Fumaba hasta dos a tres paquetes por día y una docena de cervezas cada noche. Tratamos de convencerlo de que lo dejara, pero no pensaba que le haría daño. Le animábamos a menudo, y le decíamos que realmente respetábamos cuánto amaba a sus hijos. Le dijimos que respetábamos lo duro que trabajaba, y cómo ningún trabajo era demasiado bajo como para que lo tomara. Estábamos orgullosos de él, y sabíamos que Jesús podría ayudarlo a salir del lío en el que estaba si le entregaba su vida a Él. Pasamos horas explicándole lo que podía hacer, pero no llevó a cabo ninguno de nuestros consejos. Continuamos orando por él, incluso lo ayudamos financieramente algunas veces.

Bueno, un día se enteró de que tenía cáncer en el hígado, los pulmones y la garganta. Oramos por él cada día, y nos reunimos con él para explicarle que Dios podría liberarlo de esa enfermedad, si él cambiaba y confiaba en él. Después de cuarenta años de que mi madre estuviera orando por él, finalmente hizo una oración con nosotros para aceptar a Jesús en su corazón, pero todavía no estaba dispuesto a cambiar su estilo de vida. Creo que verdaderamente reconoció a Jesús como el Salvador y el Hijo de Dios, y creyó que murió por nuestros pecados. Él aceptó mentalmente este hecho, pero no fue que de corazón aceptó a Jesús. No lo hizo el Señor de su vida. No estaba dispuesto a arrepentirse (Mateo 4:17; Lucas 13:3; Hechos 17:30), que es la disposición a alejarse de un estilo de vida pecaminoso (Juan 5:14, 8:11). Mi hermano no estaba dispuesto a hacer un compromiso de vivir para Dios. No estaba interesado en ir a la iglesia, o en leer la Biblia, o buscar nuevos amigos cristianos o conocer a Dios de cualquier manera. Tampoco consideraba siquiera dejar la cerveza y los cigarrillos, o su lenguaje malsonante o los encuentros ocasionales promiscuos con mujeres. Le dijimos que Dios lo ayudaría a cambiar y le daría la gracia y la fuerza para dejarlo, pero él no estaba dispuesto. No pensó que estaba mal, y no pensó que lo mataría.

Como un cambio rápido de tema, con respecto a ver lo que es el verdadero arrepentimiento, considere la historia de Zaqueo. Él era un rico recaudador de impuestos, odiado por la gente. Era considerado un pecador, ya que los recaudadores de impuestos esquilmaban a la gente, tomando más de lo que era requerido por el gobierno. Zaqueo trepó a un árbol para poder ver a Jesús entre una multitud de gente que lo seguía. Jesús lo vio y le dijo que quería quedarse en su casa esa noche. La gente criticó a Jesús por querer posar en casa de un pecador (Lucas 19:5-7). Durante la noche, "Zaqueo, puesto en pie, dijo al Señor: He aquí, Señor, la mitad de mis bienes doy a los pobres; y si en algo he defraudado a alguno, se lo devuelvo cuadruplicado" (v. 8).

Mi punto es éste: cuando Zaqueo fue redargüido en su corazón, inmediatamente se arrepintió y devolvió lo que había robado. No tuvo que luchar con dejar de recolectar impuestos o devolver lo que había tomado ilegalmente. Jesús dijo: "Hoy ha venido la salvación a esta casa ... " (v. 9). Este hombre fue salvo, y su arrepentimiento, que se reflejó en que devolvió el dinero robado, era prueba de ello. Si alguien realmente se arrepiente, entonces está en su corazón hacer lo correcto. Mi hermano no mostró ningún interés en cambio alguno de estilo de vida, como lo hizo Zaqueo. Salmos 55:19 dice: "Por cuanto *no cambian*, ni temen a Dios" (énfasis añadido).

Mi madre, que es verdaderamente una santa si es que hubo alguna, había sido fiel en orar por mi hermano cada día y muchas horas al día durante más de cuarenta años. Se quedó con él en el hospital todo el día durante semanas antes de que muriera. Durante los últimos dos o tres meses, estaba en agonía absoluta, y los analgésicos ya no le hacían efecto. Era tan difícil verlo en un dolor tan severo, y fue especialmente duro para mi madre.

Doce años antes Annette y yo le habíamos suplicado que abandonara sus adicciones, pero incluso entonces se negó a escuchar. Los dos últimos días entró en coma. En el coma, repentinamente se sentó en la cama, clamó y dijo: "Gracias, Jesús. Gracias, Jesús". Entonces se recostó y murió.

Dios, por un milagro, hizo que hablara en medio de un coma para que nuestra madre supiera que finalmente había clamado a Jesús. Seguramente vio a Jesús y supo que Jesús lo amaba y que lo estaba llevando al cielo. Dios es tan misericordioso, que lo salvó en el último minuto. Podría haberlo salvado mucho tiempo antes si Tommy hubiera clamado y se hubiera entregado a Él. A pesar de que había hecho la oración (Romanos 10:9-10), no se había arrepentido. Y sin arrepentimiento, no puede haber perdón (Mateo 3:2; 4:17; Marcos 1:14-15; 6:12; Lucas 13:3; Hechos 3:19; 17:30; 26:20; Apocalipsis 2:16). El arrepentimiento es un requisito para la salvación. Solo Dios sabe si se hubiera ido al cielo antes, pero la Escritura es clara con respecto a un corazón arrepentido.

Mi mamá no se rindió, y tampoco lo hizo Jesús. Estamos muy agradecidos por la misericordia y la bondad de Dios. Extraño mucho a mi hermano, pero estoy muy agradecido de que voy a verlo de nuevo en el cielo. Fue muy duro verlo sufrir del dolor del cáncer y que tuviera tantas dificultades en la vida. No necesitaba pasar por todo eso, pero su estilo de vida fue su elección. Dios nos instruye cómo mantenernos saludables, y nos dice cómo nos proveerá. Es a través de nuestra obediencia a su Palabra (Josué 1:8; 2 Crónicas 26:5; Proverbios 3:9-10; 22:4; 28:27; Isaías 48:17; 1 Juan 3:22).

Cada uno de nosotros debemos arrepentirnos y recibir a Jesús como nuestro Señor y Salvador. No tiene nada que ver con lo buenos que somos. Se basa en nuestra relación con él (Juan 11:25-26; Hechos 4:12). Las buenas obras deben seguir a nuestro compromiso con el Señor, pero las buenas obras no nos salvarán. Dios le dará a todos cada posible última oportunidad para arrepentirse y recibir a su Hijo como su Señor y Salvador. ¡Él es misericordioso y paciente, como los dice la Biblia! Nosotros somos los tercos y los resistentes a su Palabra.

10

¡Los "muertos" podrían decirnos una cosa o dos!

HAY MILES QUE han tenido estas experiencias cercanas a la muerte o que incluso han muerto y luego han vuelto a la vida. Sin embargo, la mayoría de la gente será escéptica de dicha experiencia, y eso es comprensible. Incluso Abraham le dijo al hombre rico que estaba en el infierno: "Si no oyen a Moisés y a los profetas, tampoco se persuadirán aunque alguno se levantare de los muertos" (Lucas 16:31). Incluso si alguien dice haber regresado del cielo o del infierno, la mayoría de la gente simplemente piensa que están locos. De hecho, Jesús mismo resucitó de los muertos, y muchos no creen este hecho bien establecido. Sin embargo, Jesús estuvo muerto durante tres días. La piedra fue removida con los guardias presentes. Ellos nunca habrían dejado que sucediera voluntariamente, puesto que les hubieran cortado su propia cabeza. Después de su resurrección, Jesús fue visto por más de quinientas personas, e incluso los historiadores seculares escribieron sobre ello. Fue tocado físicamente por varias personas. Su resurrección está muy bien documentada, por lo que es evidente que se levantó como dijo que lo haría.

He conocido y hablado con muchos que han tenido la experiencia de ver el cielo o el infierno, que no tienen razones para mentir, que son gente honesta, de buena reputación. La mayoría no ha escrito un libro, y solamente están compartiendo sus experiencias. La mayoría no comparten sus experiencias para evitar el ridículo. Como he dicho, no es importante para nosotros creer en la experiencia de nadie. ¡Lo único que *es* importante para nosotros es creer lo que dice la Palabra de Dios!

Hay tres personas mencionadas en la Biblia que volvieron y hablaron con la gente después de haber muerto: el profeta Samuel, Moisés y Elías. Sin embargo, todo el pueblo de Dios espera ver a sus seres queridos en el cielo después de morir. También hubo unos cuantos que tuvieron una mirada del más allá. Estos versos siguientes nos muestran que podemos esperar una vida después de la muerte.

» Génesis 15:15: Dios le habló a Abraham, y le dijo: "Y tú vendrás a tus padres en paz, y serás sepultado en buena vejez". Dios cree que existimos después de la muerte y que nos reuniremos con los de nuestra familia que lo conocían.

» Génesis 37:35: "Descenderé enlutado a mi hijo hasta el Seol". Jacob esperaba ver a su hijo nuevamente después de morir. El Seol es la palabra hebrea que significa "el reino de los muertos".[1] El *Diccionario Expositivo Vine* establece que: "El Seol [...] nunca denota la tumba [...] el Seol sería traducido erróneamente como la tumba".[2]

» Génesis 49:33: "Y cuando acabó Jacob de dar mandamientos a sus hijos, encogió sus pies en la cama, y expiró, y fue reunido con sus padres".

» 1 Samuel 28:14: El rey Saúl oyó la voz del profeta Samuel cuando el profeta habló con él y le dijo lo que iba a suceder al día siguiente. Muchos de los comentarios, como el *Believer's Bible Commentary* [Comentario bíblico del creyente], creen que fue realmente Samuel [el que le apareció]. Estoy de acuerdo por estas razones:

El versículo 15 dice: "Y Samuel dijo a Saúl...". La Biblia no lo habría identificado como Samuel (también en el versículo 20) si hubiera sido un espíritu maligno. Lo habría registrado con exactitud como un "espíritu maligno" si ese hubiera sido el caso. También, Samuel profetizó exactamente lo que sucedería al día siguiente: que Saúl y sus hijos estarían con él al día siguiente, y que Israel sería derrotado y entregado en manos de los filisteos. Samuel le señaló al rey Saúl que el Señor había quitado el reino de sus manos y se lo había dado a David, por la desobediencia de Saúl a Jehová y por no cumplir el ardor de la ira de Dios contra Amalec (1 Samuel 15:2-3, 9, 28, 35; 28:14-20). ¿Por qué un espíritu de mentira ahora diría toda la verdad y castigaría a Saúl por no matar a un rey malvado, y cómo podría un espíritu maligno correctamente predecir el futuro? Además, la bruja estaba asustada y clamó, realmente no esperaba que fuera Samuel. Como ella reconoció que era Samuel, entonces supo que era el rey Saúl, porque la mayoría sabía que el profeta generalmente estaba con el rey. Ella describió a Samuel como con un manto. "Manto o túnica, el hábito de un juez que Samuel a veces había usado...".[3] Parece claro a través del capítulo que fue realmente Samuel. Todavía estaba vivo y bien en el paraíso.

» 2 Samuel 12:22-23: "Yo voy a él, mas él no volverá a mí". David lloró por su hijo que había muerto y declaró que iba a estar con él. Obviamente esperaba verlo cuando muriera. Creía en un más allá, como declaró en muchos versículos a lo largo de la Biblia.

» 2 Reyes 2:11-12: "...he aquí un carro de fuego con caballos de fuego apartó a los dos; y Elías subió al cielo en un torbellino. Viéndolo Eliseo, clamaba...".

» Job 3:11, 13: "¿Por qué no morí yo en la matriz, o expiré al salir del vientre? [...] Pues ahora estaría yo muerto, y reposaría; dormiría, y entonces tendría descanso". Afirmó que todavía existiría y estaría en un lugar mejor que su sufrimiento actual si hubiera muerto al nacer.

» Isaías 14:9-10: "El Seol abajo se espantó de ti; despertó muertos que en tu venida saliesen a recibirte, hizo levantar de sus sillas a todos los príncipes de la tierra, a todos los reyes de las naciones. Todos ellos darán voces, y te dirán: ¿Tú también te debilitaste como nosotros, y llegaste a ser como nosotros?". ¡Obviamente todavía existen para poder hablar! (No hay ateos en el infierno).

» Ezequiel 32:21-31: "De en medio del Seol hablarán a él los fuertes de los fuertes [...] Allí está Asiria con toda su multitud; en derredor de él están sus sepulcros [...] mas llevaron su confusión con los que descienden al sepulcro. En medio de los muertos le pusieron lecho [...] a sus alrededores están sus sepulcros [...] los cuales descendieron al Seol [...] sus pecados estarán sobre sus huesos [...] todos ellos [...] y comparten su confusión con los que descienden al sepulcro. A éstos verá Faraón". Como puede ver, todavía deben existir para estar alrededor unos de otros, tener un lecho y compartir la confusión y sus pecados y ser vistos por Faraón.

» Jonás 2:2: "Invoqué en mi angustia a Jehová, y él me oyó; desde el seno del Seol clamé, y mi voz oíste". Muchos comentarios creen que Jonás fue a las puertas, o estuvo apenas dentro de las puertas del Seol, así que obviamente el aún existía.[4]

» Mateo 17:2: Jesús tuvo una conversación con Moisés y Elías (Marcos 9:4). Ellos habían muerto cientos de años antes. Obviamente, todavía existían.

» Lucas 16:23-31: "Y en el Hades alzó sus ojos, estando en tormentos, y vio de lejos a Abraham, y a Lázaro en su seno. Entonces él, dando voces, dijo [...] Pero Abraham le dijo...". Ambos hablaron con el otro, así que obviamente los que están en el cielo y en el infierno existen todavía.

» Juan 12:9-11: "Gran multitud de los judíos supieron entonces que él estaba allí, y vinieron, no solamente por causa de Jesús, sino también para ver a Lázaro, a quien había resucitado de los muertos. Pero los principales sacerdotes acordaron dar muerte también a Lázaro, porque a causa de él muchos de los judíos se apartaban y creían en Jesús". Lázaro pudo atestiguar de primera mano que existía la vida después de la muerte. Los saduceos no creían en la resurrección de los muertos.

» Hechos 7:59: Cuando Esteban se encontraba a punto de morir apedreado, gritó y dijo: "Señor Jesús, recibe mi espíritu". En el versículo 55 dice que Esteban "puestos los ojos en el cielo, vio la gloria de Dios, y a Jesús que estaba a la diestra de Dios".

» 2 Corintios 12:4: Pablo fue "fue arrebatado al paraíso, donde oyó palabras inefables...".

» Apocalipsis 4:1: A Juan se le dijo: "Sube acá", al cielo, en el espíritu y se le mostraron cosas en el cielo y las cosas por venir. Fue escoltado por un ángel y conversó con él (Apocalipsis 22:8-10).

» Apocalipsis 5:13: Juan afirma: "Y a todo lo creado que está en el cielo, y sobre la tierra, y debajo de la tierra, y en el mar, y a todas las cosas que en ellos hay, oí decir: Al que está sentado en el trono, y al Cordero, sea la alabanza, la honra, la gloria y el poder, por los siglos de los siglos". Juan señala que hay gente debajo de la tierra y en el cielo que habla.

» Apocalipsis 6:9-10: "Cuando abrió el quinto sello, vi bajo el altar las almas de los que habían sido muertos por causa de la palabra de Dios [...] Y clamaban a gran voz, diciendo...". Estaban vivos después de la muerte y clamaban, y también estaban en el cielo.

» Apocalipsis 20:13-15: "Y el mar entregó los muertos que había en él; y la muerte y el Hades entregaron los muertos que había en ellos; y fueron juzgados cada uno según sus obras". De nuevo, es evidente que esa gente todavía existe, al igual que había gente en el infierno, y que todos fueron juzgados.

» Apocalipsis 22:8-9: "Yo Juan soy el que oyó y vio estas cosas [en el cielo]. Y después que las hube oído y visto, me postré para adorar a los pies del ángel que me mostraba estas cosas. Pero él me dijo..." (Juan estaba en el cielo hablando con un ángel).

» Lucas 13:3: [Jesús dijo:] "No; antes si no os arrepentís, todos pereceréis igualmente". Tenemos que volvernos de nuestros pecados y pedir perdón. Jesús dijo que Él era la única forma de salvación (Juan 14:6). Nos habló antes y después de que resucitó de entre los muertos. También dijo en Juan 11:25-26: "Le dijo Jesús: Yo soy la resurrección y la vida; el que cree en mí, aunque esté muerto, vivirá".

11

Lo que nos dicen las religiones

HAY MUCHAS RELIGIONES en nuestro mundo, pero si le puedo preguntar: ¿qué han hecho por usted cualquiera de sus dirigentes? ¿Alguno de ellos ha resuelto la cuestión del pecado? ¿Alguno de ellos ha muerto por sus pecados y resucitado de los muertos; excepto Jesús? En este capítulo veremos un breve resumen de las creencias de algunas de estas religiones. Y en las páginas siguientes enumeraré algunos de los atributos únicos del cristianismo en comparación.

Perry Stone señala: "La religión está hecha por los hombres para alcanzar a Dios (o a un dios), pero la redención es Dios que extiende la mano hacia el hombre. Alguien puede constituir una religión, establecer una creencia, y hacer ciertas leyes y reglas para sus seguidores, pero estas actividades no tienen nada que ver con salvar un alma humana del infierno. Las personas no pasan la eternidad en el infierno por ser hindúes, judíos o musulmanes, sino porque no tienen un pacto redentivo de salvación que los libere de la pena de la muerte eterna".[1]

El hombre tiene que ser redimido, porque todos nacemos en pecado (Romanos 5:12; Efesios 1:7).

Romanos 6:23 dice: "Porque la paga del pecado es muerte, mas la dádiva de Dios es vida eterna en Cristo Jesús Señor nuestro". Ninguna otra religión explica nuestro problema de pecado tan sucintamente.

Además, Perry afirma: "Es interesante que todas las religiones principales del mundo tienen alguna creencia en cierta forma de vida eterna, e incluso alguna creencia en cierta forma del infierno. Esta creencia se remonta al pasado a los antiguos egipcios y puede encontrarse en las religiones hindúes, budistas, islámicas, judías y cristianas".[2]

Billy Graham ha afirmado: "La mayoría de las religiones del mundo están basadas en un pensamiento filosófico, excepto por el judaísmo, el budismo, el islamismo y el cristianismo. Estas cuatro se basan en personalidades. Solamente el cristianismo afirma la resurrección de su fundador. Abraham, el padre del judaísmo, murió cerca de diecinueve siglos antes de Cristo. No hay evidencia de su resurrección. Buda vivió cinco siglos antes de Cristo y enseñó principios de amor fraternal. Se cree que murió a la edad de ochenta años. No hay evidencias de su resurrección. Mahoma murió en 632 d. C., y su tumba en Medina es visitada por miles de devotos mahometanos. Su ciudad natal en la Meca recibe muchos peregrinos cada año. Sin embargo, no hay ninguna evidencia de su resurrección".[3]

Billy Graham continuó describiendo algunas de las creencias religiosas que ha encontrado en todo el mundo. Dice: "En China cuando mi esposa era niña, con frecuencia los bebés que morían antes de la dentición eran lanzados fuera para ser comidos por los perros paria. La gente temía que si los espíritus malignos pensaban que les importaban demasiado los niños vendrían y se llevarían a otro. Intentaban probar su indiferencia de esta cruda manera [...] Una vez vi a un hombre en India acostado en una cama de clavos. Había estado ahí durante muchos días, sin comer y bebiendo poca agua. Estaba tratando de expiar sus pecados. Otra vez en África, vi a un hombre caminar sobre brasas de fuego. Supuestamente, si salía ileso, había sido aceptado por Dios, si se quemaba, era considerado un pecador que necesitaba más arrepentimiento. En la India, una misionera que pasó los bancos del Ganges notó a una madre sentada a la orilla del río con dos de sus hijos. En su regazo estaba un bebé hermoso y llorando a su lado estaba un niño dolorosamente retardado de tres años. A su regreso a casa esa noche, la misionera vio que la joven madre seguía sentada a la orilla del río, pero ya no tenía al bebé [...] Horrorizada por lo que ella pensó que podría ser cierto, la misionera [...] le preguntó qué había pasado [...] la madre volteó a verla y dijo: 'No sé acerca del dios de su país, pero el dios del mío exige lo mejor'. Ella le había dado su bebé al dios del Ganges. Las personas han hecho sacrificios humanos en nombre de la religión [...] En nombre de la religión, reyes, emperadores y líderes de naciones y tribus han sido adorados como dioses [...] Un ejemplo de esta clase de monarcas venerados como deidades era el Mikado, el emperador espiritual de Japón. En un decreto oficial recibió el título de 'deidad manifiesta o encarnada'".[4]

John Ankerberg y John Weldon mencionan en una lista los siguientes puntos destacados de otras religiones[5]:

> » "*La ciencia cristiana*, fundada por la espiritista, Mary Baker Hedí, enseña que 'no hay muerte' [...] Para los [...] [adeptos] 'el cielo y el infierno son estados del pensamiento, no lugares'".

> » "*Edgar Cayce*, un espiritista y profeta de la Nueva Era dijo que 'el destino del alma, como de toda la creación, es hacerse uno con el creador' y que ningún alma se pierde".

> » "El líder de una secta de la Nueva Era y espiritista, Sun Myung Moon, de la *Iglesia de la Unificación*, cree que 'Dios no abandonará a ninguna persona eternamente. De alguna manera [...] serán restaurados'".

> » "El *mormonismo*, fundado por el ocultista, José Smith, sostiene que 'la falsa doctrina de que el castigo a ser aplicado sobre las almas erradas es interminable [...] es un dogma de sectarios errados no autorizados, a

la vez sin sustento en las Escrituras, irrazonable y repugnantes'".

» "Los *Testigos de Jehová*, fundada por Charles Taze Russell, sostiene que los malvados son aniquilados para siempre porque 'la enseñanza acerca de un infierno ardiente [...] con toda razón puede ser señalado como una 'enseñanza de demonios'".

» "La *Iglesia de la Nueva Jerusalén* (Sweden borgianismo), fundada por el espiritista Emanuel Swedenborg, enfatiza que Dios 'no condena a nadie al infierno'".

» "*Eckankar,* una religión de la Nueva Era fundada por los espiritistas, Paul Twitchell y Darwin Gross, insiste en que 'no hay muerte' [...] y que 'no hay ningún infierno eterno'".

» "*Lucis Trust* y The Arcane School/Full Moon Meditation Groups, iniciados por la espiritista de la Nueva Era, Alice Bailey, sostienen que 'el miedo a la muerte se basa en [...] viejas enseñanzas erróneas sobre el cielo y el infierno'".

» "La *Familia Internacional* (Los niños de Dios), fundada por el espiritista, David Berg, ven el infierno como un purgatorio temporal: 'El lago de fuego es donde los malvados van a purgar sus pecados; para eventualmente ser dejados [...] salir'".

» "El *rosacrucismo,* una filosofía oculta, declara que 'la "condenación eterna" de aquellos que no son "salvos" no significa destrucción ni tortura interminable' [...] y que 'la religión cristiana originalmente no contenía ningún dogma acerca del infierno...'".

» "El *universalismo unitario* cree lo siguiente: 'Parece seguro decir que ningún Universalista Unitario cree en la resurrección del cuerpo, en un cielo literal o infierno, ni en cualquier tipo de castigo eterno'".

» *"La Sociedad Teosófica,* fundada por la médium, Helena P. Blavatsky, declara: 'Positivamente nos negamos a aceptar la [...] creencia en la recompensa eterna o el castigo eterno [...]'. Por lo tanto: 'La muerte [...] no [...] es un motivo de temor'".

» *"Ramtha,* el espíritu que habla a través del médium, J. Z. Knight, afirma: 'Dios nunca lo ha juzgado a usted o a nadie más', y: 'No, no hay infierno y no existe el diablo'. 'Lilly' y otros espíritus canalizados a través de la médium, Ruth Montgomery, sostienen que 'no hay tal cosa como la muerte', y que 'Dios no castiga a hombre alguno'".

Cienciología

El Dr. Walter Martin señala:

La cienciología enseña que la Biblia es un subproducto de las escrituras hindúes.

Pueden existir Dios o los dioses, pero el individuo debe decidir por sí mismo.

Cristo es una leyenda que preexistía a la vida en la Tierra en otros planetas y fue implantada a los seres humanos en la Tierra. Jesús fue solo fue un matiz [dentro de una escala de color del negro al blanco] arriba del "claro" y no fue mayor que Buda o Moisés.

La reencarnación explica suficientemente la existencia del hombre, pero la cienciología es la libertad de la reencarnación.

El hombre es básicamente bueno y en su evolución, finalmente se convertirá en un ser divino conocido como "homo novis".

La Iglesia de la cienciología es la religión más litigante en la historia de las iglesias fundadas en los Estados Unidos [...] El fundador de la cienciología, Lafayette Ronald Hubbard [...] un escritor popular de ciencia ficción de la década de 1930 y 1940, cambió de público a medio camino anunciando presuntamente en una convención de ciencia ficción de Nueva Jersey: "Escribir por un centavo por palabra es ridículo. Si un hombre realmente quiere ganar un millón de dólares, la mejor manera es comenzar su propia religión" [...] Su posterior cinismo acerca del cristianismo traiciona su crianza prácticamente libre de fe [...]

Varios escritores competentes han reunido pruebas que contradicen el exagerado currículum vítae de Hubbard y han desafiado sus declaraciones. Ninguno ha perjudicado tan a fondo sus credenciales como el libro de Russell Miller *Bare-Faced Messiah: The True Story of L. Ron Hubbard* [Mesías descarado: La verdadera historia de L. Ron Hubbard] y el libro del excienciólogo Bent Corydon, *L. Ron Hubbard: Messiah or Madman* [L. Ron Hubbard: Mesías o loco]. Miller demostró que Hubbard asistía a la escuela media-superior en Estados Unidos mientras que él afirmaba estar viajando por Asia. Su historial médico mostró que nunca fue lisiado, cegado o herido en la Segunda Guerra Mundial, y mucho menos fue pronunciado muerto dos veces (el aseguraba todo esto). Bent Corydon, anteriormente jefe de una de las misiones más exitosas de la cienciología (Riverside, California), tiene incontables transcripciones de la corte, declaraciones juradas y testimonios de primera mano que desmienten muchas de las afirmaciones de L. Ron Hubbard.

Los títulos académicos de Hubbard han sido puestos en tela de juicio, ya que se descubrió que la Sequoia University era una fábrica de diplomas no reconocida ubicada en una casa de dos pisos en Los Ángeles. Fue cerrada en 1958 por una ley de la legislatura de California.[6]

El resto de la historia con respecto a esta religión se pone cada vez peor. Sería muy beneficioso para cualquier persona involucrada en esta creencia leer el libro del Dr. Martin, puesto que ha documentado todos los hechos de una forma sumamente exhaustiva.

Iglesia de la Unificación

Sun Myung Moon aseguraba ser un mesías. Escribió un libro titulado *El principio divino*. Sobre su libro, el Dr. Walter Martin dice: "*El principio divino* es la escritura con autoridad de la Iglesia de la Unificación y se considera superior a la Biblia [...] Lo más devastador para la credibilidad de la supuesta visión de Moon es que cada escritura de la Unificación está fechada como '17 de abril de 1936, mañana de Pascua'. Aquí se produce el error más grave en la historia de la Unificación. Nuestros cálculos prueban sin lugar a dudas que la visión de Moon no pudo haber ocurrido en la mañana de Pascua, porque el 17 de abril de 1936 fue un viernes, no un domingo [...] Una de las confesiones más sorprendentes de Moon mismo fue bajo juramento en 1982, durante una demanda de la Unificación contra un desprogramador. Moon, en un testimonio de la Corte Federal de Nueva York, el 27 y 28 de mayo, declaró que había conocido a Jesús, a quien reconoció por las 'estampas' religiosas. También testificó que había conocido a Moisés y a Buda".[7]

Este autoproclamado mesías murió el 3 de septiembre de 2012. ¡Un mesías no tan divino!

Unitarismo

Fritz Ridenour afirma que: "Los unitarios contemporáneos no creen que el hombre es pecador. Creen que solo es imperfecto y dicen que todo lo que necesita es la 'redención del carácter'. En otras palabras, todo lo que se requiere es vivir una buena vida y seguir la Regla de Oro [...] O bien, para citar nuevamente al Dr. Greeley: 'Desde un punto de vista unitario, no hay cielo ni infierno. Teológicamente tal idea es repugnante e inaceptable a la luz de la afirmación moral del hombre'. El Dr. Greeley fue presidente de los unitarios".[8]

Ridenour más adelante menciona las similitudes entre el unitarismo y el humanismo: "Este aspecto del unitarismo, la glorificación del hombre, ha venido a llamarse humanismo [...] El término 'humanismo' se popularizó con la publicación en 1933 del 'Manifiesto humanista'. El punto principal del manifiesto es que el hombre es su propio amo, y que es básicamente bueno. La primer declaración del manifiesto dice: 'Los humanistas religiosos consideran el universo como autoexistente y no creado'".[9]

Me gusta lo que escribió Randy Alcorn sobre lo que diremos cuando lleguemos al cielo con respecto a que el hombre es "bueno": "Jamás cuestionaremos la justicia de Dios, preguntándonos cómo pudo enviar a gente buena al infierno. Por el contrario, estaremos abrumados por su gracia, maravillándonos de todo lo que hizo para enviar gente mala al cielo (ya no tendremos ninguna ilusión que las personas caídas son buenas sin Cristo)".[10]

Budismo

Al considerar el budismo, Fritz Ridenour afirma: "El hombre que formuló el budismo fue Siddhartha Gautama, quien nació siendo un hindú alrededor de 560 a. C. en Lumbini, en lo que ahora es Nepal, cerca de la frontera con India [...] Cuando Buda predicó en Benarés, India, presentó los cuatro principios fundamentales del budismo. Estos han llegado a ser llamados 'Las cuatro verdades nobles'.

> » "El sufrimiento es universal...
> » "La causa del sufrimiento es el deseo vehemente (el deseo egoísta)...
> » "La cura para el sufrimiento es eliminar el deseo vehemente...
> » "Elimine el deseo vehemente siguiendo el Camino Medio: la Noble Senda Óctuple. Buda aisló la causa, tanhu: la incapacidad de la humanidad para escapar del ciclo sin fin de muerte y renacimiento. A continuación elaboró un sistema, llamado la 'Senda Óctuple' por el cual un budista podría librarse de tanhu.

"Buda afirmó que quien pudiera seguir esta Senda Óctuple eventualmente alcanzaría el nirvana, una liberación del interminable ciclo de muerte y renacimiento [...] Las dos formas principales del budismo son *Hinayana* y *Mahayana*. Hinayana significa: 'La doctrina del vehículo inferior', que se refiriere a la creencia de que sólo unos pocos afortunados pueden encontrar el nirvana: los que siguen absolutamente los caminos de Buda [...] Mahayana, la enseñanza de 'el gran vehículo' [...] Buda enseñó que el hombre solo puede salvarse a sí mismo, pero Mahayana desarrolló la idea de un dios salvador [...] Por lo tanto Buda (y otros como él) podían ser un salvador de la humanidad al que los fieles pueden recurrir [...] El budista tiene una visión fatalista de la vida: el sufrimiento es parte de la vida. No se puede remover. Cada persona debe encontrar su propia vía de escape y no preocuparse por los demás [...] Buda enseñó que la única manera de deshacerse del deseo egoísta era por esfuerzo propio [...] Para que una persona se domine a sí mismo, debe tener una mayor fuente de fortaleza. Pero Buda es agnóstico [...] El problema con el budismo es que sus objetivos van más allá de la capacidad del hombre para alcanzarlos".[11]

El Dr. Walter Martin también escribe un detallado capítulo sobre budismo, pero lo resume con estos comentarios: "El budismo clásico sostiene que los ciclos de renacimiento son necesarios para alcanzar el nirvana [...] Dios no es una persona [...] Ellos contemplan a Dios cuando se contemplan a ellos mismos".[12]

Hinduismo

Josh McDowell afirma: "*Moksha*, también conocido como *mukti*, es el término hindú para la liberación del alma de la rueda del karma. Para los hindúes, el principal objetivo de la existencia es ser liberado del *samsara* (el cautivador ciclo de la vida) y la rueda del karma con sus interminables ciclos de nacimientos, muertes y renacimientos. Cuando uno alcanza esta liberación, entra en un estado de plenitud o consumación [...] En el hinduismo, el estado actual de la existencia se determina por su actuación en vidas anteriores [...] A medida que uno realiza actos justos, se mueve hacia la liberación del ciclo de sucesivos nacimientos y muertes. Por el contrario, si los hechos de uno son malos, se alejará más de la liberación. El factor determinante es el karma propio. El ciclo de nacimientos, muertes y renacimientos podría ser interminable. *Samsara* se refiere a la transmigración o renacimiento. Es el paso a través de una sucesión de vidas con base en la recompensa o penalización directa de su karma. Esta cadena continua está formada por el sufrimiento de las consecuencia de actos de ignorancia o pecado en vidas pasadas. En cada renacimiento sucesivo, el alma, que los hindúes consideran ser eterna, se mueve de un cuerpo a otro y lleva consigo el karma de su existencia anterior. El renacimiento puede ser en una forma superior, es decir, un miembro de una casta superior o dios, o hacia abajo de la escala social en una casta inferior o animal, ya que la rueda del karma se aplica tanto al hombre como a los animales [...] Sobre el tema de dios, el ser del hinduismo es el impersonal e indefinible Brahma, un absoluto filosófico [...] En el hinduismo no existe el pecado contra un Dios Santo".[13]

El Dr. Maurice S. Rawlings, quien ha investigado miles de experiencias cercanas a la muerte y a aquellos que han tenido visiones del cielo o del infierno, dice esto: "Curiosamente, ninguna de las visiones de lecho de muerte con las que me he topado sugieren que la reencarnación pudiera suceder; de que pudieran regresar a la tierra como un recién nacido o que pudieran habitar en otra persona ya nacida".[14]

Ciencia cristiana

El Dr. Walter Martin tiene, nuevamente, un capítulo detallado sobre este tema, pero estos son algunos aspectos destacados:

- » "Dios es principio divino.
- » "Jesús no es Dios. La encarnación y la resurrección corporal de Jesucristo no ocurrió.
- » "La Escritura no es infalible.
- » "El pecado, la muerte y el mal no existen.
- » "No hay ninguna existencia literal, física del universo material.
- » "Mary Baker Eddy; 'Madre' y líder, 'descubridora y fundadora' de la ciencia cristiana".[15]

Mostró algo de su condición mental cuando su tercer marido, Asa, murió "de una trombosis coronaria [...] Ella impugnó el informe de la autopsia, y el médico que eligió confirmó su convicción de que Asa había muerto de 'envenenamiento por arsénico administrado mentalmente'. Un informe tan radical dio pie a una investigación de las credenciales del médico de la señora Eddy, el Dr. C. J. Eastman. [...] Se constató que el 'doctor' Eastman tenía a su cargo una operación de aborto virtual y no tenía credenciales médicas algunas para justificar su título. Fue condenado a diez años de prisión [...] La carta de la señora Eddy al *Boston Post* con fecha del 5 de junio de 1882, en la cual acusaba a algunos de sus exalumnos por envenenar mentalmente a Asa Eddy con un mesmerismo malicioso en la forma de arsénico administrado mentalmente es uno de los ejemplos más patéticos del estado mental de la señora Eddy jamás registrado y uno que a la Iglesia de la Ciencia Cristiana le gustaría olvidar que alguna vez escribió".[16]

Algunas de sus creencias están documentadas en el libro del Dr. Walter Martin como sigue: "Del libro de Eddy, *Ciencia y salud*, que es el libro de texto de la 'ciencia cristiana' el cual ella dijo haber descubierto en 1866 [...] 'La enfermedad siendo una creencia, un engaño latente de la mente mortal [...] toda enfermedad es curada por la mente [...] ¿Qué es Dios? Jehová no es una persona. Dios es un principio [...] La materia es un error mortal...'. Del libro de Eddy *Ciencia y salud con clave de las Escrituras* [...] 'No hay ninguna vida, verdad, inteligencia ni sustancia en la materia. Todo es mente infinita y su manifestación infinita, porque Dios es todo en todo [...] No existe la ciencia física, el principio de la ciencia es Dios, inteligencia y no materia, por lo tanto, la ciencia es espiritual porque Dios es Espíritu [...] No tiene personalidad, porque esto implicaría inteligencia en la materia; el cuerpo de Dios es la idea dada de Él en el universo armonioso...'". Para puntualizar todavía más, el Dr. Martin demuestra que ella plagió gran parte de lo que supuestamente 'Dios Todopoderoso habló' de P. P. Quimby, considerado el padre de la ciencia cristiana. Él es quien incluso ideó el nombre de "ciencia cristiana" y lo usó "durante algún tiempo antes de que la señora Eddy gratuitamente se apropiara de la terminología como suya, algo que no se atrevió a hacer mientras el anciano estaba vivo y su relación con él era conocida por todos".[17]

Hay muchas más pruebas documentadas en el libro del Dr. Martin que le abrirá los ojos a la verdad detrás de esa falsa creencia religiosa.

Testigos de Jehová

Josh McDowell afirma: "Los Testigos de Jehová son un producto de la labor de la vida de Charles Taze Russell, nacido el 16 de febrero de 1852 [...] Su teología niega cada creencia cardinal del cristianismo histórico, incluyendo la Trinidad, la divinidad de Jesucristo, su resurrección corporal, la salvación por gracia por medio de la fe y el castigo eterno de los malvados [...] La Torre del Vigía pone muy en claro que no creen en la doctrina de la Trinidad [...] La doctrina de la Trinidad no fue concebida por Jesús o los primeros cristianos [...] Jesús, el Cristo, un individuo creado [...] era un dios, pero no el Dios Todopoderoso, que es Jehová [...] La verdad del asunto es que el verbo es Cristo Jesús, quien sí tuvo un principio".[18]

Como puede ver, sus creencias se encuentran completamente en conflicto con la Biblia y el cristianismo convencional.

Mormonismo

José Smith, Jr., el fundador del mormonismo [...] En 1820, José presuntamente recibió una visión que se convirtió en la base para la fundación de la Iglesia

Mormona [...] "Mi objeto al ir a consultar al Señor era saber cuál de todas las sectas estaba en lo correcto, para saber a cuál unirme [...] los personajes que estaban por encima de mí en la luz [...] Se me respondió que no debía unirme a ninguna de ellas, porque todas estaban mal" [...] La Iglesia Mormona tiene cuatro obras sagradas aceptadas: la *Biblia*, el *Libro del mormón*, *Doctrina y pactos* y *La perla de gran precio* [...] *El libro del mormón* también se considera inspirado [...] Los mormones creen en muchos dioses y enseñan que Dios mismo fue una vez un hombre. Además, los varones mormones tienen la posibilidad de alcanzar la divinidad. José puso en claro esto en *The King Follett Discourse* [El discurso del rey Follett]: "Dios fue una vez como somos, y es un hombre exaltado [...] Hemos imaginado y supuesto que Dios era Dios desde toda la eternidad. Refutaré esa idea [...] él era una vez un hombre como nosotros [...] tienen que aprender cómo ser Dioses ustedes mismos [...] al igual que todos los Dioses lo han logrado antes que ustedes".[19]

Es sorprendente que tantos creyeran que durante 1800 años desde Cristo, todos los padres de la iglesia estuvieran engañados y no hubieran escuchado a Dios. ¡Algunos de los más grandes teólogos e intelectos que hayan vivido durante todos esos años estaban todos mal, pero este quinceañero tenía razón! ¡Qué tonto puede ser uno! Además, Jesús dijo en Mateo 16:18: "Las puertas del Hades no prevalecerán contra ella" (la Iglesia). ¡Supongo que debemos creer que Jesús también se equivocó ya que dijo que nada podría prevalecer en contra de su iglesia!

El panfleto, *Mormonism: What You Need to Know* [Mormonismo: Lo que necesita saber], nos dice:

La Iglesia Mormona enseña: "El Dios presidente con-
vocó a los de Dios [*sic*] y se sentaron en el gran consejo
para crear al mundo [...] El Padre tiene un cuerpo de
carne y hueso tan tangible como el del hombre [...] El
nombramiento de Jesús para ser el Salvador del mundo
fue impugnado por otro de los hijos de Dios: Lucifer.
Este espíritu-hermano de Jesús trató desesperadamen-
te de convertirse en el Salvador de la humanidad".[20]

Josh McDowell y el Dr. Martin también han escrito un capítulo
muy completo sobre esta religión. Mi libro no tiene el propósito
de cubrir todas las religiones o incluso entrar en detalle significativo alguno, sino solamente darle algunos aspectos destacados.
Si lee el libro del Dr. Martin y algunas otras fuentes confiables,
usted verá que la mayoría de los fundadores de otras religiones
también tienen, al menos, trasfondos dudosos y siniestros y, por
supuesto, no están de acuerdo con la Biblia.

Como puede ver, casi todas las religiones del mundo han sido
fundadas por un individuo, por la visión o idea de un hombre.
En la religión antes mencionada, el fundador afirma que tuvo
una visita de Dios mismo. Bueno, primero que nada, esta es una
pista obvia de que fue engañado. La Biblia dice que ningún hombre ha visto a Dios el Padre (1 Juan 4:12), sin embargo, él dijo
haberlo visto. Así que desde el principio, está en un error. En
segundo lugar, Dios nunca hubiera venido con una persona para
decirle que no estaba feliz con toda la Iglesia. Jesús dijo: "Mis
ovejas oyen mi voz" (Juan 10:27). Dios le habla a toda su iglesia,
no a una sola persona. Especialmente no le habla acerca de su
Iglesia a alguien que está no es de su familia, que no es su hijo;
entonces si esa persona escribe sus creencias, que son contrarias
a la Biblia, obviamente no es un hijo de Dios (Juan 1:12, 8:44,
17:9; Romanos 9:7-8; Gálatas 3:26; Efesios 1:5; 5:1). Pensar que

usted es el único al que Dios le ha dicho que toda la Iglesia está mal, es orgullo extremo, engaño extremo o ignorancia extrema. Además, si Dios fuera a hacer algo tan tonto como eso, ¿por qué Dios habría esperado desde los tiempos de Jesús hasta el año 1850, cuando José recibió su visita, para decirle que no estaba contento con su Iglesia? ¿Por qué hubiera esperado tanto, y, además, por qué Dios le habría confiado a un muchacho de quince años este mensaje tan importante? Las creencias mormonas contradicen la Biblia en muchas áreas, como el Dr. Josh McDowell y el Dr. Martin señalan en sus libros. También contradicen la Biblia en el área de tener tres libros adicionales. La Biblia nos dice claramente que no añadamos ni le quitemos nada a la Biblia (Deuteronomio 4:2; 12:32; Proverbios 30:6; Apocalipsis 22:18-19). No debemos tener libros adicionales que rijan nuestra vida; ¡y ellos tienen tres! El Dr. Martin hace un excelente trabajo documentando toda la información con respecto a esta falsa creencia religiosa en su libro *The Kingdom of the Cults* [El reino de las sectas]. La Biblia enseña claramente que Jesús es Dios, creó todas las cosas, nació de una virgen, se hizo hombre, vivió una vida sin pecado, sufrió y murió por nuestros pecados en la cruz, derramó su sangre, se levantó de entre los muertos, nos salvó de un infierno eterno, ascendido al cielo y se llevará a aquellos que crean en Él al cielo (Marcos 1:10-11; 14:62; Lucas 22:70; Juan 1:1; 3:16; 3:36; 6:40; 8:24; 9:37; 10:30, 36; 11:25; 12:47; 14:6; 16:13; Hechos 3:19; 4:12; 17:30; Romanos 3:10-12, 23; 5:8-9; 6:23; 10:9-10; 1 Corintios 15:3-4; Colosenses 1:16-17; Hebreos 1:2; 1 Juan 1:7-9; 4:14; 5:11; 5:7).

La mayoría de las religiones del mundo no dan la seguridad de ir al cielo. Todas están basadas en obras. Perry Stone otra vez dice: "He preguntado a algunos musulmanes si tienen una garantía de que irán al cielo, y no la tienen. Sólo si siguen el Corán, rezan, dan para caridad, siguen los cinco pilares del islam, y hacen *hajj* (peregrinación a la Meca) en Arabia, *entonces* pueden ser encontrados merecedores. Aun los judíos ortodoxos siguen leyes, reglas, rituales, y costumbres en un intento de hacerlo en el Reino del cielo".[21]

Si va a confiarle su alma eterna a alguna de estas creencias, se debe a sí mismo leer algunos de estos libros primero para conocer los hechos. Entonces usted puede tomar una decisión informada. La conclusión es: ¿qué han hecho sus fundadores por los demás? ¿Sus fundadores han muerto por los pecados y resucitado de los muertos? Solo el cristianismo puede afirmar eso. Algunos afirmarán que Jesús era un buen maestro o una persona moralmente buena. Pero no reconocerán que era el Hijo de Dios, que murió por nuestros pecados y que resucitó de entre los muertos, como dijo que lo haría. Jesús dijo que Él era el Hijo de Dios. Así que, ¿cómo puede usted llamarlo un hombre moralmente bueno si usted no cree en sus palabras? ¡Tendría que decir que era un mentiroso; o un lunático! El cristianismo tiene una base sólida y probada, y un Salvador resucitado que nos ama. Cada persona debe arrepentirse de sus pecados y recibir a Jesús como su Señor y Salvador, con el fin de ser salvo del infierno y entrar al cielo. Si prefiere creer en una religión que se basa en la visión de un solo hombre con un carácter cuestionable, hacer caso omiso de la Biblia y desechar a todas las personas documentadas que han visto el cielo o el infierno, entonces usted tiene esa opción. Pero recuerde, está jugando con su alma eterna. ¿Está realmente dispuesto a tirar los dados?

12

¿Por qué el cristianismo es único?

¿**Q**UÉ HACE DIFERENTE al cristianismo de todas las otras religiones? Hay al menos siete diferencias principales que hacen único al cristianismo.

En primer lugar, ningún otro líder religioso ha resucitado de los muertos como Jesús dijo que lo haría (Mateo 17:23; 20:19; Marcos 9:3; 10:34; Lucas 9:22; 13:32; 18:33; 24:46; Juan 2:19). Y como el Dr. Henry Morris y Martin E. Clark señalan: "Nunca se ha explicado la tumba vacía, excepto por la resurrección corporal. Si el cuerpo en realidad estaba todavía allí, o en cualquier otro lugar todavía accesible a los judíos o a los romanos, sin duda lo hubieran presentado como un medio seguro de apagar de inmediato la llama de la fe cristiana que se estaba esparciendo. Si los apóstoles u otros amigos de Jesús de alguna manera tenían el cuerpo ellos mismos, y, por lo tanto, sabían que estaba muerto, no podrían haber predicado su resurrección como lo hicieron, sabiendo que seguramente les traería persecución y posiblemente la muerte. ¡Ningún hombre voluntariamente sacrificará su vida por algo que sabe que es una mentira! [...] Solamente Jesucristo, de todos los hombres de la historia, ha conquistado al mayor enemigo del hombre: la muerte. Los fundadores de otras religiones están todos muertos y sus tumbas son veneradas. ¡La tumba de Cristo está vacía, y su resurrección corporal del sepulcro es el hecho mejor probado de la historia!".[1]

El Dr. William Lane Craig declara: "La confiabilidad histórica del relato del entierro de Jesús apoya la tumba vacía [...] En segundo lugar, aunque los discípulos hubieran predicado la resurrección de Jesús, a pesar de que su tumba siguiere ocupada, casi nadie les hubiera creído. Uno de los hechos más notables acerca de la creencia cristiana temprana en la resurrección de Jesús fue que floreció en la misma ciudad donde Jesús fue crucificado públicamente. Si el pueblo de Jerusalén pensaba que el cuerpo de Jesús seguía en la tumba, pocos habrían estado preparados para creer esas tonterías como que Jesús había sido levantado de los muertos. Y en tercer lugar, aunque ellos así lo hubieran creído, las autoridades judías habrían expuesto todo el asunto simplemente por señalar la tumba de Jesús o tal vez, incluso, exhumando el cuerpo como prueba decisiva de que Jesús no había sido resucitado".[2]

Menciono muchas más citas de eruditos en el Apéndice B, que defienden la tumba vacía. No hay ningún otro líder religioso que jamás haya resucitado de los muertos: solamente Jesucristo, el Hijo de Dios (Mateo 17:9; 20:19; 26:32; Marcos 9:31; 10:34; 14:28, 62; Lucas 18:33; 22:70; 24:7, 46; Juan 8:24; 9:35; 10:30, 36; 11:25; 14:6; Hechos 17:3; Romanos 8:34; 1 Corintios 15:20; Colosenses 3:1).

En segundo lugar, ninguna otra religión resuelve la cuestión del pecado. Aunque a algunos le gustaría pensar que su pecado no es tan malo, todo pecado tiene que ser resuelto (Romanos 6:23). Hay una ley del pecado y de la muerte (Romanos 8:2). No podemos esperar ir por la vida, haciendo como queramos, y luego que no haya ninguna consecuencia por nuestras acciones. Todos estamos de acuerdo en que el abusador de menores, el asesino y los Hitlers de este mundo deben enfrentar la justicia. Sin embargo, cuando se trata de nosotros mismos, naturalmente pensamos en que no somos tan malos. No obstante, como he señalado en el capítulo 2, ninguno de nosotros es "suficientemente bueno" para simplemente dar un paseo en un cielo perfecto (Job 15:16; Salmos

51:1-5; 143:2; Isaías 64:6; Gálatas 3:22). Lo mejor del hombre se queda muy lejos de la idea de Dios del bien. El estándar de Dios es perfecto, y nosotros no lo somos (Romanos 3:10-12, 23). Todos tenemos necesidad de un Salvador. Jesús es el único que bajó del cielo, se hizo hombre y vivió una vida libre de pecado. Tomó el castigo por nuestro pecado, murió en nuestro lugar y luego resucitó de los muertos (Juan 6:51; Hechos 4:12; Romanos 5:15-18; 1 Corintios 15:3-4; 1 Timoteo 1:15; 2:6). Trató con nuestro pecado, lavándolo con su sangre derramada (Romanos 5:9; 1 Corintios 11:25; Efesios 1:7; 2:13; Colosenses 1:14, 20; Hebreos 9:12, 14, 22; 10:19; 1 Juan 1:7; Apocalipsis 5:9; 12:11). Si no nos arrepentimos de nuestros pecados, entonces nuestro pecado permanece (Juan 9:41; Hechos 22:16; Apocalipsis 1:5). Además, solamente un Dios eterno puede pagar por nuestros pecados eternos, y solo un Dios sin pecado puede pagar por los pecados con el derramamiento de su sangre (2 Corintios 5:21; Hebreos 9:22, 28; 10:12; 1 Pedro 2:22, 24; 1 Juan 2:2). La Biblia dice en Hebreos 9:22: "Y sin derramamiento de sangre no se hace remisión". La sangre es el pago por el pecado, y solamente puede ser derramada por alguien sin pecado (Romanos 5:9; Efesios 1:7; 2:13; Colosenses 1:14; Hebreos 9:12, 14; 10:19; 1 Pedro 1:19; 1 Juan 1:7; Apocalipsis 5:9). Ese alguien es Jesús. Él es el único hombre que ha vivido jamás una vida sin pecado (1 Juan 3:5). Me alegro de que mis pecados han sido borrados, perdonados y olvidados (Salmos 103:11-12; Hebreos 8:12; 10:17). ¿Y los tuyos?

Tercero, la mayoría de las religiones se fundamentan en la visión de un hombre: ¡un libro, escrito por un hombre! ¿Por qué deberíamos creer en la visión de este hombre? Podría haber sido de naturaleza satánica. La Biblia no es la visión de un solo hombre ni tampoco un solo libro. Como señala el Dr. Chuck Missler: "La colección de sesenta y seis libros que tradicionalmente llamamos *la Biblia* fueron escritos por más de cuarenta autores durante un período de varios miles de años..."[3]

"Escrita a lo largo de un periodo de más de 1500 años; escrita a lo largo de más de 40 generaciones; escrita por más de 40 autores de todos los estratos sociales, incluyendo reyes, campesinos, filósofos, pescadores, poetas, estadistas, eruditos, etcétera [...] generales militares [...] un primer ministro [...] un doctor [...] un rey [...] un recaudador de impuestos [...] un rabino [...] escrita en diferentes lugares [...] escrita en diferentes épocas [...] escrita en tres continentes: Asia, África y Europa, escrita en tres idiomas [...] Finalmente, su temática incluye cientos de temas polémicos. Sin embargo, los autores bíblicos hablaron con armonía y continuidad desde el Génesis hasta el Apocalipsis. Hay una historia que se va desarrollando: la redención que hizo Dios del hombre".[4]

Todos estos hombres de la Biblia escribieron bajo la inspiración del Espíritu Santo (2 Timoteo 3:16). Todos menos uno de los apóstoles fueron torturados y ejecutados. Algunos de los otros escritores del Antiguo y Nuevo Testamentos también fueron asesinados. Si Jesús realmente no hubiera resucitado de entre los muertos, ¿todos estos apóstoles y otros habrían sufrido horribles muertes por algo que sabían que no era cierto? Muchos murieron treinta o cuarenta años después de que Jesús fue resucitado y ascendió al cielo. ¿Realmente habrían muerto por una mentira todos esos años más tarde, junto con millones, literalmente, durante los siglos que han sido asesinados por muchos dirigentes malvados y dictadores por su fe en Jesucristo? ¡No lo creo!

Todos los autores del Antiguo Testamento hablaron de la venida del Mesías. Todos los autores del Nuevo Testamento también escribieron sobre él, que fue crucificado y que se levantó de entre los muertos (1 Corintios 15:3-4). No hay discrepancias ni contradicciones (cito a algunos eruditos que afirman lo mismo en el Apéndice B).

En cuarto lugar, los autores predijeron el futuro con lo que solamente podría ser precisión divina. Existen más de trescientas profecías que predicen la venida del Mesías. Una profecía es la historia escrita por adelantado. Solamente Dios es capaz de predecir el futuro. Isaías 46:10 dice: "... anuncio lo por venir desde el principio...". Cada autor escribió algo acerca de Jesús. ¿Qué otro libro religioso predice el futuro?

Josh McDowell afirma: "Wilber Smith, quien compiló una biblioteca personal de 25 000 volúmenes, concluye que la Biblia 'es el único volumen producido por el hombre, o un grupo de hombres, en el cual se encuentra un gran cuerpo de profecías relacionadas con naciones individuales, con Israel, con todos los pueblos de la tierra, con ciertas ciudades y con la venida de quien había de ser el Mesías. El mundo antiguo tenía muchos dispositivos diferentes para determinar el futuro, conocidos como adivinación, pero ni en toda la gama de la literatura griega y latina, a pesar de que usaban las palabras profeta y profecía, podemos encontrar alguna profecía real y específica de un gran acontecimiento histórico que vendría en un futuro lejano, ni profecía alguna de un Salvador que surgiría de la raza humana".[5]

He incluido en el Apéndice A, treinta y ocho de los trescientos versículos del Antiguo Testamento que predicen el futuro de Cristo, junto con los versículos del Nuevo Testamento correspondientes cumplidos. Esto por sí solo es prueba de que el futuro fue predicho con exactitud, y solamente Dios podría [dar y] cumplir todas esas profecías.

Quinto, la mayoría de las demás religiones enseñan que se requieren "obras" a fin de tener cualquier posibilidad de ir al cielo. ¡Tampoco hay garantías! La Biblia enseña en Efesios 2:8-9: "Porque por gracia sois salvos por medio de la fe; y esto no de vosotros, pues es don de Dios; no por obras, para que nadie se gloríe" (vea también Gálatas 2:16; Tito 3:5). Por otro lado, la Biblia nos dice claramente que tenemos la plena certeza de nuestra salvación al confiar en Jesucristo como nuestro Señor y Salvador, y a través de arrepentirnos de nuestros pecados (Isaías

45:17; 51:6; Lucas 13:3; Juan 3:36; 11:26; 14:6; Hechos 17:31; Romanos 10:9-10; Hebreos 5:9; 1 Juan 2:25; 5:11). No tenemos que preguntarnos o tener miedo o dudar de nuestra salvación. Tenemos la promesa y la seguridad de ella (Isaías 51:6; Hechos 17:31; Hebreos 5:9; 1 Juan 2:25). Es un regalo gratis, y nosotros no podemos ganárnoslo.

En sexto lugar, la Biblia ha sido analizada por una amplia gama de eruditos, historiadores, arqueólogos, geólogos y similares durante cientos de años, y no han encontrado ninguna discrepancia. El Dr. John Warwick Montgomery dice: "Yo nunca he encontrado una supuesta contradicción en la Biblia que no pudiera ser aclarada por el uso de los idiomas originales de las Escrituras o por el uso de los principios aceptados de interpretación histórica y literaria".[6]

"Bernard Ramm habla de su exactitud: 'Los judíos lo preservaron como ningún otro manuscrito ha sido preservado jamás [...] llevaban la cuenta de cada letra, sílaba, palabra y párrafo. Tenían clases especiales de hombres dentro de su cultura, cuya exclusiva misión era preservar y transmitir estos documentos con fidelidad prácticamente perfecta: escribas, abogados, masoretas...'".[7]

Josh McDowell continúa: "H. L. Hastings, citado por John W. Lee [...] 'Si este libro no hubiese sido el libro de Dios, hace tiempo que los hombres lo hubieran destruido'".[8]

La Biblia también es la única que "ha sido leída por más gente y publicada en más idiomas que cualquier otro libro [...] en la historia [...] Según *The Cambridge History of the Bible* [La historia Cambridge de la Biblia], 'ningún otro libro ha conocido nada que se aproximara a esta circulación constante'".[9] Muchos han tratado de destruir o de prohibir la Biblia, pero sigue floreciendo. Jesús dijo en Mateo 24:35: "Pero mis palabras no pasarán" (vea también Salmos 119:89; Isaías 40:8; Juan 10:35; 2 Timoteo 3:16.)

En séptimo lugar, la Biblia enseña un Dios de amor. Ninguna otra religión habla de su fundador como uno que nos ama y que dio su vida por nosotros (Juan 3:16; 6:40, 51; 1 Timoteo 2:4-6; Hebreos 2:9; 1 Juan 2:2). La mayoría de las religiones se basan en un dios que toma y exige sacrificios. Algunos incluso requieren sacrificios de niños, sajarse o suicidarse haciéndose explotar. La Biblia nos enseña que nuestro Dios es amor (Juan 3:16; Romanos 5:8; 1 Juan 4:7, 10, 16).

Napoleón Bonaparte dijo: "Conozco a los hombres y les digo que Jesucristo no es solo un hombre. No hay ningún término posible de comparación entre Él y cualquier otra persona en el mundo. Alejandro, César, Carlomagno y yo hemos fundado imperios. ¿Pero en que hicimos descansar la creación de nuestro genio? Sobre la fuerza. Jesucristo fundó su imperio en el amor; y a esta hora millones de hombres morirían por Él".[10] Y millones han muerto por Él a lo largo de los años, ya que muchos dictadores malvados han exigido que los cristianos renuncien a Él o sean asesinados.

Primera de Corintios 13 explica lo que es el amor. Revela las características del amor. Me gustaría mostrarle lo contrario de lo que dice la Escritura con el fin de demostrar mi punto. Implicaré lo negativo en cada característica.

Primero, "el amor no es paciente, no espera por nadie. El amor envidia a todo el mundo, el amor es altivo y se concentra solamente en sí mismo, el amor es vergonzoso, el amor es egoísta, rápidamente se encoleriza, el amor siempre piensa lo peor, se regocija en el pecado y siempre piensa el mal. El amor nunca quiere la verdad, ni hará nada por nadie, duda de todo, no tiene esperanza y no durará. El amor siempre falla y nunca funciona". Bueno, usted me entiende. ¡Es obvio lo que no es amor!

La pregunta es: ¿reflejamos al Dios al que servimos en nuestra vida? ¿Podría el mundo reconocernos como cristianos en la manera en que el Señor dijo que deberían hacerlo?

» En Juan 13:34-35, Jesús dijo: "Un mandamiento nuevo os doy: Que os améis unos a otros; como yo os he amado, que también os améis unos a otros. En esto conocerán todos que sois mis discípulos, si tuviereis amor los unos con los otros".

» Primera de Juan 3:10 dice: "En esto se manifiestan los hijos de Dios, y los hijos del diablo: todo aquel que no hace justicia, y que no ama a su hermano, no es de Dios".

» Primera de Juan 2:9 afirma: "El que dice que está en la luz, y aborrece a su hermano, está todavía en tinieblas".

» Primera de Juan 4:7-11 nos dice: "Amados, amémonos unos a otros; porque el amor es de Dios. Todo aquel que ama, es nacido de Dios, y conoce a Dios. El que no ama, no ha conocido a Dios; porque Dios es amor. En esto se mostró el amor de Dios para con nosotros, en que Dios envió a su Hijo unigénito al mundo, para que vivamos por él. En esto consiste el amor: no en que nosotros hayamos amado a Dios, sino en que él nos amó a nosotros, y envió a su Hijo en propiciación por nuestros pecados. Amados, si Dios nos ha amado así, debemos también nosotros amarnos unos a otros".

Jesús indicó claramente que nuestro amor hacia los demás es la manera en que alguien nos reconocerá como seguidores de Él. Si mantenemos nuestros ojos en él, se mostrará el amor. Necesitamos quitar nuestros ojos de nosotros mismos y preocuparnos más por las necesidades de los demás. Me gusta esta cita de Henrietta Mears: "El hombre que se mantiene ocupado ayudando al hombre que está por debajo de él no tendrá tiempo que envidiar al hombre que está por encima de él".[11]

Un gran ejemplo de una persona que realmente demuestra el amor de Dios es la vida de Arthur Blessitt. Es el hombre que ha caminado sobre cada continente y archipiélago, más de cuarenta mil millas [64 370 km], cargando una cruz. Está en el *Guinness World Records* por la caminata más larga. Ha llevado a muchos miles de personas a aceptar al Señor como su Salvador en esos años, y todavía lo hace. Ha sufrido penurias increíbles en sus viajes. Además de la dificultad física de cargar una enorme cruz a través de cada continente y archipiélago alrededor del mundo, fue golpeado, arrojado en prisión muchas veces, dejado en el frío helado, dejado pasar hambre, lapidado, escupido, amenazado de muerte y muchas otras cosas horribles. Pero en todo esto siempre fue amable y cariñoso con todos, incluso con sus enemigos. Este es solo una pequeña muestra que menciona en su libro de lo que experimentó: "Enfrenté un pelotón de fusilamiento en Nicaragua; casi fui lapidado y golpeado en Marruecos; fui atacado por la policía en España; un oficial de policía de Los Ángeles intentó estrangularme en Hollywood; sobreviví al ataque de pistola de un hombre enojado en Orlando, Florida; un hombre de Birdseye, India, intentó quemar la cruz; y un hombre en Nigeria rompió la cruz".[12] Su libro es fascinante y revela un verdadero amor cristiano por todos, incluso en medio de ser maltratado y odiado. Solamente el amor de Dios en alguien podría hacer que una persona soportara lo que este hombre ha padecido.

Además, Billy Graham ha dedicado su vida a salvar almas. Él siempre ha sido un hombre humilde y cariñoso, como así muchos lo atestiguan. Es un excelente ejemplo de un cristiano, junto con su hijo Franklin.

Algunos le han preguntado: "Bill, ¿estás diciendo que un cristiano es mejor persona que un no cristiano?". Me gusta la respuesta dada en *The Evidence Bible* [La Biblia de las evidencias], la cual declara: "El cristiano no es mejor que el no cristiano, pero definitivamente está en mejores circunstancias. Es como dos hombres en un avión. Uno lleva un paracaídas y el otro no. Uno no es mejor que el otro, pero el hombre con el paracaídas ciertamente está en mejores circunstancias que el hombre que no lleva paracaídas. La diferencia se verá cuando salten. Jesús nos advirtió que si 'saltamos' a la muerte sin Él, pereceríamos. Nuestro gran problema es una ley que es incluso más dura que la ley de gravedad. Es la ley de un Creador infinitamente santo y justo. La Escritura nos advierte: '¡Horrenda cosa es caer en manos del Dios vivo!'. Nos dice que nos volvemos sus enemigos. Vea Romanos 5:10".[13]

Creo que es una imagen muy clara de lo que será entrar a la eternidad sin Dios: ¡Un salto sin el paracaídas divino!

Estos versículos siguientes muestran claramente el amor y la paciencia de Dios hacia nosotros.

» Jeremías 3:12-13: "Regresa otra vez a mí, porque yo soy misericordioso [...] Sólo reconoce tu culpa; admite que te has rebelado contra el SEÑOR tu Dios" (NTV).

» Jeremías 5:1: "Corran por todas las calles de Jerusalén —dice el SEÑOR—, busquen arriba y abajo, ¡busquen por toda la ciudad! Si encuentran aunque sea a una sola persona justa y honrada no destruiré la ciudad" (NTV).

» Jeremías 8:4-5: "...Cuando descubre que está en un camino equivocado, ¿acaso no da la vuelta? Entonces, ¿por qué esta gente continúa en su camino de autodestrucción? ¿Por qué [...] rehúsan regresar [aun y cuando les advertí]? (NTV).

» Jeremías 25:4-9: "Y envió JEHOVÁ a vosotros todos sus siervos los profetas [...] pero no oísteis [...] cuando decían: Volveos ahora de vuestro mal camino [...] moraréis en la tierra que os dio JEHOVÁ a vosotros [...] Pero no me habéis oído, dice JEHOVÁ, para provocarme a ira con la obra de vuestras manos para mal vuestro".

» Jeremías 26:3: "Quizá te escuchen y se aparten de sus malos caminos. Entonces cambiaré de parecer acerca del desastre que estoy por derramar sobre ellos a causa de sus pecados" (NTV).

» Jeremías 44:4-5: "Una y otra vez envié a mis siervos, los profetas, para rogarles: "No hagan estas cosas horribles que tanto detesto", pero mi pueblo no quiso escucharme ni apartarse de su conducta perversa ... " (NTV).

» Lamentaciones 3:33: "Pues él no se complace en herir a la gente o en causarles dolor" (NTV). El Señor no tiene ningún placer en permitir el castigo. El Señor le suplica una y otra vez a la gente que simplemente regrese a Él porque Él se deleita en mostrar misericordia.

» Romanos 2:4-5: "¿No te das cuenta de lo bondadoso, tolerante y paciente que es Dios contigo? ¿Acaso eso no significa nada para ti? ¿No ves que la bondad de Dios es para guiarte a que te arrepientas y abandones tu pecado?" (NTV).

¡Puede ver el corazón de Dios aquí! Él claramente le informa a la gente cómo evitar el mal, pero la gente simplemente rechaza su instrucción y bondad. Que aprendamos a través de su Palabra, y que no tengamos que aprender de la manera difícil.

Hay algunos que tienen el problema opuesto. Tienen problemas para amarse a sí mismos. Como explica el pastor Gregory Dickow: "Cuando carecemos de amor sano por nosotros mismos, nos sentimos inadecuados, defectuosos y con imperfecciones [...] Bueno, amarse a sí mismo —cuidar de uno mismo, apreciando sus dones especiales, valorándose a sí mismo— es en realidad el primer paso para amar a alguien *más*. Porque si no se ama a sí mismo, usted no es un reservorio de amor del que otros puedan beber".[14]

Jesús resume todos los mandamientos en una declaración que se encuentra en Mateo 22:37-40: "Amarás al Señor tu Dios con todo tu corazón, y con toda tu alma, y con toda tu mente. Este es el primero y grande mandamiento. Y el segundo es semejante: Amarás a tu prójimo como a ti mismo. De estos dos mandamientos depende toda la ley y los profetas".

Recuerde: el amor nunca falla. Esta es una promesa increíble. La prueba es ¿le mostraremos amor al desagradable? Así es cómo diferenciamos las otras religiones del cristianismo. No solo por nuestro servicio de labios, sino también por nuestras acciones. Usted notará cuáles iglesias y organizaciones siempre están en los lugares de desastre después de una tormenta. Son las iglesias cristianas y las organizaciones cristianas, como Samaritan's Purse y similares, las que están presentes. ¿Realmente amamos a nuestro hermano si no lo ayudamos? Jesús dijo en Juan 13:34-35: "Un mandamiento nuevo os doy: Que os améis unos a otros; como yo os he amado, que también os améis unos a otros. En esto conocerán todos que sois mis discípulos, si tuviereis amor los unos con los otros".

13

¿Qué dice la Biblia sobre el infierno?

JESÚS MENCIONÓ EL infierno, la condenación eterna, el fuego eterno, el castigo eterno, las tinieblas de afuera y el llanto y el crujir de dientes en cuarenta y seis versículos separados. Habló del infierno más que ningún otro. ¿Por qué lo mencionó tanto? ¡Porque de eso fue de lo que nos salvó! Fue claramente un mensaje de advertencia y un mensaje de advertencia es un mensaje de amor. ¿Qué padre amoroso no le advertiría a sus hijos que no jugaran en una calle muy transitada? Hace varios años, cuando el huracán Ike golpeó la Costa del Golfo, la primera plana de un periódico de Texas decía: "Muerte segura a quienes no evacuen". Ahora bien, usted no diría que los escritores de ese artículo fueron crueles por haber publicado esa declaración, ¿no? No, estaríamos agradecidos por la advertencia. De la misma manera, Dios nos está advirtiendo sobre dónde terminaremos si no nos arrepentimos de nuestros pecados y aceptamos a Jesucristo como nuestro Señor y Salvador.

En Lucas 16 Jesús dejó muy en claro que una persona todavía existe después de la muerte. Algunos dicen que solamente estaba diciendo una parábola. Sin embargo, según la mayoría de los comentarios y eruditos, esta no era una parábola. Saben esto por dos razones: primero, ninguna de las parábolas menciona jamás un nombre específico, y esta contiene dos nombres: Abraham y

Lázaro. Además, Jesús dijo: "Había *un* hombre rico" (v. 1, énfasis añadido). Y en segundo lugar, la más importante y obvia razón por la que no es una parábola es porque Jesús declaró que "Abraham dijo" (v. 25). Si Abraham en realidad no lo dijo, entonces Jesús estaba mintiendo, porque Abraham es el que le da la respuesta al hombre rico. Jesús dijo que Abraham habló, y Jesús no miente. Así que es claro que esto no era una parábola.

Sin embargo, aun y cuando fuera una parábola (que no lo era), dígame ¿qué significa? Jesús dijo que el hombre estaba atormentado en la llama, e incluso el hombre mismo dice ser atormentado (vv. 23-24). Obviamente hay dolor en el infierno. El hombre también dijo que si una persona se arrepentía, evitaría ir al infierno. Estaba preocupado por sus hermanos; no quería que terminaran ahí. ¿Cuál sería la lección de la parábola si realmente no hay un infierno? Si la gente no va al infierno y sufre allí, entonces Jesús ciertamente comunicó el sentido opuesto con su explicación. No, obviamente es una historia real; y la gente estará y se encuentra actualmente, en el infierno (Seol o Hades). Apocalipsis 20:13 dice: "Y el mar entregó los muertos que había en él; y la muerte y el Hades entregaron los muertos que había en ellos; y fueron juzgados cada uno según sus obras". La palabra [equivalente para "infierno"] utilizada aquí es la palabra "Hades". *Hades* es la palabra griega para el infierno presente, el lugar donde está el hombre rico. Él será entregado el día del juicio y luego arrojado al lago de fuego (Apocalipsis 20:15). Así que obviamente el significado de la supuesta parábola es que hay gente en el Hades sufriendo, y esas personas todavía existen.

El *Believer's Bible Commentary* nos dice: "Cabe señalar que este relato *no* es introducido como una parábola".[1]

El *Comentario MacArthur* afirma: "El mendigo es el único personaje en cualquiera de las parábolas de Jesús al que se le da un nombre. Algunos, por lo tanto, han especulado que este no era un cuento imaginario, sino un incidente real que verdaderamente sucedió".[2]

Walter Martin escribe: "… Cristo, en sus parábolas, nunca usa nombres personales, tales como 'Lázaro' […] Debemos concluir, entonces, que el relato de Lucas registra un caso real, un hecho histórico en el cual un alma sufrió después de la muerte y estaba consciente en ese tormento […] Hay un castigo consciente después de la muerte".[3]

En *The New Testament Survey* [Estudio del Nuevo Testamento] se nos dice:

> "Algunos consideran este relato una parábola, pero si lo es, es la única parábola en la que un personaje es de hecho nombrado. No hay razón para dudar de que Jesús estaba hablando acerca de una experiencia histórica genuina".[4]

Christopher W. Morgan afirma: "En Lucas 16:19-31, Jesús describe el infierno como un lugar donde prevalece la justicia, compuesto de sufrimiento, tormento y agonía (16:23-25, 27) y como un lugar de fuego (16:24). Jesús gráficamente ilustra que este castigo futuro es una separación y exclusión del cielo final e inevitable (16:25-26)".[5]

J. I. Packer dice: "El fuego del infierno en la Biblia es una imagen no de destrucción sino de dolor continuo, como Lucas 16:24 hace inequívocamente claro".[6]

Finalmente, Robert A. Peterson afirma: "Lázaro, el pobre penitente, murió y fue al 'seno de Abraham' donde fue 'consolado' (Lucas 16:22, 25) […] Por el contrario, el rico impenitente murió y fue al 'infierno, donde se encontraba en tormento […] en agonía en […] fuego' […] Al morir, Lázaro y el hombre rico inconverso dejaron sus cuerpos y fueron a lugares de felicidad y angustia, respectivamente".[7]

Estos son algunos versículos adicionales de las Escrituras sobre el infierno.

» Deuteronomio 32:22: "Porque fuego se ha encendido en mi ira, y arderá hasta las profundidades del Seol".

» Job 15:30: "*No escapará de las tinieblas*; la llama secará sus ramas (énfasis añadido; esta declaración presupone su existencia).

» Job 18:15, 21: "Piedra de azufre será esparcida sobre su morada [...] Seguramente son las viviendas de los impíos" (Uno tendría que existir para "morar" en un lugar).

» Salmos 9:17: "Los malos serán trasladados al Seol, todas las gentes que se olvidan de Dios".

» Salmos 21:9: "Los pondrás como horno de fuego en el tiempo de tu ira; Jehová los deshará en su ira, y fuego los consumirá".

» Salmos 49:19: "Y nunca más verá la luz" (aún deben existir con el fin de *nunca más ver* la luz).

» Isaías 14:9-10: "El Seol abajo se espantó de ti; despertó muertos que en tu venida [...] Todos ellos darán voces, y te dirán: ¿Tú también te debilitaste como nosotros, y llegaste a ser como nosotros?" (deben existir todavía para poder hablar).

» Isaías 33:12-14: "Y los pueblos serán como cal quemada; como espinos cortados serán quemados con fuego [...] ¿Quién de nosotros morará con el fuego consumidor? ¿Quién de nosotros habitará con las llamas eternas?" (¿cómo podría uno arder para siempre si no existe?).

» Isaías 34:10: "No se apagará de noche ni de día, perpetuamente subirá su humo; de generación en generación será asolada, nunca jamás pasará nadie por ella".

» Isaías 66:24: "Porque su gusano nunca morirá, ni su fuego se apagará, y serán abominables a todo hombre" (ellos aún deben existir para verlos).

» Ezequiel 31:14: "Porque todos están destinados a muerte, a lo profundo de la tierra, entre los hijos de los hombres, con los que descienden a la fosa".

» Ezequiel 31:16: "Cuando las hice descender al Seol con todos los que descienden a la sepultura ... ".

» Ezequiel 32:21: "*De en medio del Seol hablarán* a él los fuertes de los fuertes" (énfasis añadido; otra vez, están hablando en el infierno; todavía deben existir para poder hablar).

» Daniel 12:2: "Unos para vida eterna, y otros para vergüenza y confusión perpetua" (uno tendría que existir para experimentar vergüenza y confusión perpetua).

» Mateo 13:41-42: "Enviará el Hijo del Hombre a sus ángeles, y recogerán de su reino a todos los que sirven de tropiezo, y a los que hacen iniquidad, y los echarán en el horno de fuego; allí será el lloro y el crujir de dientes" (debe existir para crujir los dientes).

» Mateo 18:8: " ... ser echado en el fuego eterno" (¿por qué tener fuego eterno para seres inexistentes?).

» Marcos 9:43: " ... ir al infierno, al fuego que no puede ser apagado".

» Lucas 13:24-28: "Esforzaos a entrar por la puerta angosta; porque os digo que muchos procurarán entrar, y no podrán [...] Pero os dirá: Os digo que no sé de dónde sois; apartaos de mí todos vosotros, hacedores de maldad. Allí será el llanto y el crujir de dientes, cuando veáis a Abraham, a Isaac, a Jacob y a todos los profetas en el reino de Dios, y vosotros estéis excluidos".

» Lucas 16:23: "Y en el Hades alzó sus ojos, estando en tormentos ... ".

» Juan 15:6: "…y los echan en el fuego, y arden".

» 2 Tesalonicenses 1:7-9: "Y a vosotros que sois atribulados, daros reposo con nosotros, cuando se manifieste el Señor Jesús desde el cielo con los ángeles de su poder, en llama de fuego, para dar retribución a los que no conocieron a Dios, ni obedecen al evangelio de nuestro Señor Jesucristo; los cuales sufrirán pena de eterna perdición, excluidos de la presencia del Señor y de la gloria de su poder".

» Judas 7: "…sufriendo el castigo del fuego eterno".

» Apocalipsis 14:10-11: "…y será atormentado con fuego y azufre delante de los santos ángeles y del Cordero; y el humo de su tormento sube por los siglos de los siglos. Y no tienen reposo de día ni de noche…" (algunos creen en la aniquilación. Sin embargo, si la gente dejara de existir después de la muerte, entonces cómo explica que las personas están "en su presencia"; ¡deben existir para estar allí! También, uno tiene que existir para cumplir que "no tienen reposo de día ni de noche").

» Apocalipsis 20:13-14: "…la muerte y el Hades entregaron los muertos que había en ellos; y fueron juzgados cada uno según sus obras" (¿cómo podrían entregar a aquellos que estaban en ellos si no existen? Y ¿cómo pueden ser juzgados —y por qué serían juzgados— si ellos simplemente fueron aniquilados? También hay muchos versos sobre grados de castigo: vea Mateo 10:15; 16:27; 23:14-15; Lucas 12:47; y Hebreos 10:28-29. ¿Por qué habrían diferentes grados de castigo si todos son aniquilados como algunas personas enseñan?).

» Apocalipsis 21:8: "Pero los cobardes e incrédulos, los abominables y homicidas, los fornicarios y hechiceros, los idólatras y todos los mentirosos tendrán su parte en el lago que arde con fuego y azufre, que es la muerte segunda".

» (También vea Proverbios 9:18; Isaías 30:33; 38:17-18; 45:16; Jeremías 20:11; Malaquías 4:1; Lucas 3:17; 2 Pedro 2:17; Judas 13).

Hay muchos más versículos en la Biblia sobre el infierno y la destrucción. Tengo un apéndice en mi libro *El infierno*, con una lista de aproximadamente 250 versículos sobre el tema. ¿Por qué alguien querría arriesgar su alma eterna basándose simplemente en una opinión e ignorando tantos versículos escritos en un libro confiable y probado por Dios Todopoderoso?

Algunos han preguntado por qué el infierno es tan horrible. ¿Por qué hizo Dios un lugar tan terrible? Explico esto en mi libro *23 preguntas sobre el infierno* y también en el libro *El infierno*. Sin embargo, daré aquí una breve respuesta a esta pregunta. En primer lugar, el infierno fue preparado para el diablo y sus ángeles, no para el hombre (Mateo 25:41). Segundo, porque toda buena dádiva proviene de Dios (Santiago 1:17), entonces se deduce que al estar lejos de Él no queda ninguna cosa buena. El infierno es un lugar que está separado de su bondad o sus atributos (Proverbios 15:29; 2 Tesalonicenses 1:9-10).

Randy Alcorn afirma: "Como Dios es la fuente de todo lo bueno, y el infierno es la ausencia de Dios, el infierno debe también ser la ausencia de todo bien".[8] Robert A. Peterson escribe: "Como Dios está presente en todas partes, está presente en el infierno. Aunque no está allí en gracia y bendición, él está ahí en santidad e ira".[9]

Hay solo dos lugares creados para durar por toda la eternidad, y si el hombre rechaza el único camino al cielo, entonces no queda ningún otro lugar adonde ir más que el infierno. Dios no puede aniquilar a nadie porque estamos hechos a su imagen, creados para durar para siempre (Génesis 1:26). Dios no va a quebrantar su Palabra, ni va a cambiar lo que ya ha dicho (Salmos 89:34; 119:89). Jesús dijo en Mateo 25:46: "E irán éstos al castigo eterno, y los justos a la vida eterna". La palabra para "eterno" es *aiónios*. Jesús usó la misma palabra para ambos lugares en el griego original. Puesto que los que están en el cielo son eternos, también lo son los que están en el infierno. Jesús usó la frase "castigo eterno". La palabra "castigo" es la palabra *kólasis*, que significa "tormento". ¿Cómo puede uno ser atormentado si no existe, como algunos enseñan?

Muchos hoy en día ya no creen en un lugar de tormento, al menos no para la gente "buena". La razón es que no pueden reconciliar a un Dios amoroso con uno que le permitiría castigo eterno. Por lo tanto, recurren a abrazar enseñanzas no bíblicas, tales como el aniquilacionismo o el universalismo. Algunos no han oído una explicación clara de por qué el infierno es justificable. Pero hay respuestas claras a estas preguntas, y he respondido muchas de ellas en mi libro *23 preguntas sobre el infierno* y en *El infierno: Separe la verdad de la ficción* ¡y también en este libro que tiene en sus manos! Los libros *Hell Under Fire* [Infierno bajo fuego] escrito por nueve académicos muy acreditados y respetados y *Hell on Trial* [El juicio del infierno], también escrito por uno de esos eruditos, responden preguntas y refutan muchas de estas enseñanzas falsas de manera exhaustiva con mucha autoridad. Después de leer las respuestas y las razones dadas en estos recursos, espero que se dé cuenta de que usted estaba cuestionando la justicia de Dios simplemente por falta de conocimiento. Los Biblia establece a lo largo de sus páginas que Dios es justo. Deuteronomio 32:4 afirma: "El es la Roca, cuya obra es perfecta, porque todos sus caminos son rectitud; Dios de verdad, y sin ninguna iniquidad en él; es justo y recto". Hechos 17:31 dice: "…juzgará al mundo con justicia". Y Salmos 33:4-5 nos dice: "Porque recta es la palabra de JEHOVÁ, y toda su obra es hecha con fidelidad. El ama justicia y juicio…".

Wayne Grudem dice otra vez: "La Escritura afirma claramente que Dios será completamente justo en su juicio y nadie podrá quejarse contra él en ese día".[10] Walter Martin explica: "…porque Él es amor, es también *justicia* y debe exigir castigo infinito a cualquiera que pisotee la preciosa sangre de Cristo quién es el Cordero sacrificado por los pecadores perdidos desde la fundación del mundo".[11] Finalmente, Christopher W. Morgan escribe: "El amor de Dios no impulsa su justicia. La aplicación de la justicia de Dios no socava su amor. El amor de Dios y su justicia son consistentes". Entonces cita a Jonathan Edwards diciendo: "Es una noción irrazonable y no bíblica de la misericordia de Dios que sea misericordioso en tal sentido que no pueda evitar que la justicia penal sea eximida".[12]

Algunos han preguntado si el castigo para los perdidos es igual en el infierno. No, la Escritura es clara en que hay diferentes niveles de tormento y grados de castigo. Jesús dijo lo siguiente:

» Mateo 10:15: "De cierto os digo que en el día del juicio, será más tolerable el castigo para la tierra de Sodoma y de Gomorra, que para aquella ciudad" (Jesús estaba infiriendo que hay un juicio menos tolerable).

» Mateo 16:27: "Porque el Hijo del Hombre vendrá en la gloria de su Padre con sus ángeles, y entonces pagará a cada uno conforme a sus obras".

» Mateo 23:14: "Recibiréis mayor condenación" (¡Esto infiere una condenación menor!).

» Mateo 23:15: "…le hacéis dos veces más hijo del infierno que vosotros".

» Lucas 12:47-48: "…recibirá muchos azotes […] será azotado poco".

» Hebreos 10:29: "¿Cuánto mayor castigo pensáis que merecerá el que pisoteare al Hijo de Dios, y tuviere por inmunda la sangre del pacto en la cual fue santificado, e hiciere afrenta al Espíritu de gracia?" (más castigo infiere que existe uno menor).

» Apocalipsis 20:13: "... y fueron juzgados cada uno según sus obras".

Si la aniquilación o el universalismo fueran ciertos, entonces ¿cómo podría explicar estas declaraciones de Jesús? ¿Cómo podrían haber grados de castigo si todos son aniquilados, o si nadie estuvo en el infierno siquiera? La verdad es que cualquier nivel en el infierno es horrible porque es la separación de Dios; y de toda la vida.

El Dr. Chuck Missler dice:

Los malvados son resucitados y consignados a su estado eterno [...] Los hombres serán responsables por la creación. Eso por sí solo es suficiente para consignarlos a su castigo eterno [...] Las personas que niegan a Dios están haciéndolo como una decisión. No es algo intelectual, es un asunto de decisión [...] Sabemos que el castigo es consciente [...] No tenemos ninguna capacidad de imaginar cómo es sin esperanza.[13]

El Dr. Missler continúa:

Un Dios digno de adoración no puede emitir una amnistía arbitraria para los humanitarios o los panteístas que persisten en adorar y servirse a sí mismos más que a su Creador personal mismo. La condenación de cada uno de los perdidos será totalmente atribuida a ellos mismos, por haber ignorado la voluntad revelada de Dios, y su voluntad está suficientemente revelada en la creación misma.[14]

Algunos piensan que Dios es "cruel" por permitir que las personas sufran en el infierno. Pero recuerde, el Dios que está acusando de ser malo ¡es el mismo Dios que sufrió una horrible muerte en la cruz para mantenernos fuera del infierno! ¿Qué más quiere que haga? Además, como ya señalé, Dios no envía a nadie al infierno. Jesús dijo que son nuestras propias palabras las que nos condenarán (Mateo 12:37).

Edward Donnelly escribe:

> El infierno nos lleva a nuestras rodillas, nos mueve a asombro y gratitud. El infierno nos inspira una nueva adoración a aquel que nos amó y se entregó por nosotros. Su muerte destruyó y canceló el infierno para nosotros. Eso es lo que Él vale; eso es quién es Él.[15]

¿Por qué cualquier persona racional pensante arriesgaría su alma por apostarle a la posibilidad de que Jesús estaba mintiendo? Dios es un Dios justo y equitativo, y le da a todo el mundo innumerables oportunidades de aceptar a su Hijo durante toda su vida. Nadie estará en el infierno porque no sabían. Conocían el camino al cielo, pero decidieron rechazar la verdad (Romanos 1:21-32). Le rechazaron una y otra vez. Ellos *decidieron* rechazar a Jesucristo como su Señor y Salvador negándose a arrepentirse de sus pecados.

Estas son algunas citas de algunos eruditos y primeros padres de la iglesia:

> Dejemos de lado el error de aquellos que dicen que el castigo de los impíos terminará en algún momento [...] Por lo tanto, el pecado cometido contra Él se merece un castigo infinito.[16]
>
> —TOMÁS DE AQUINO

Por lo tanto, como la vida eterna de los santos será interminable, también el castigo eterno para los condenados ciertamente no tendrá fin.[17]

—AGUSTÍN

Los pecadores impenitentes en el infierno tendrán fin sin fin, muerte sin muerte, noche sin día, lamento sin alegría, tristeza sin consuelo y cautiverio sin libertad. Los condenados deberán vivir tanto tiempo en el infierno como Dios mismo vivirá en el cielo.[18]

—THOMAS BROOKS

Eterna destrucción y tormento de la carne aguardan a todos aquellos a quienes él aparte de su presencia en el día final [...] Debemos representar en nuestras mentes la futura venganza de Dios contra los malvados, que, siendo más grave que los tormentos terrenales, debería más bien excitar el horror que un deseo por conocerla. Pero debemos observar la eternidad de este fuego... [19]

—JUAN CALVINO

Sobre el castigo interminable de quienes morirán impenitentes [...] El castigo eterno no es la aniquilación eterna. Seguramente ellos no serán resucitados en el último día solo para ser aniquilados.[20]

—JONATHAN EDWARDS

Así como cuando mueren los creyentes pasan inmediatamente a la presencia de Dios, cuando mueren los incrédulos pasan a un estado de separación de Dios y a soportar el castigo... [21]

—WAYNE GRUDEM

Existe una palabra hebrea que únicamente puede traducirse como "tumba" (*kever*), pero los escritores a menudo preferían la palabra *Seol* ya que compredía la región de los espíritus que habían partido y tenían consciencia, bien fuera en estado de gozo o de tormento.[22]

—Erwin W. Lutzer

Hay un lugar y un estado de miseria eterna en el otro mundo donde no hay nada más que llanto y crujir de dientes, que habla de la tribulación y la angustia de las almas bajo la ira y la indignación de Dios.[23]

—Matthew Henry

Una prueba decisiva es que hay un infierno para el cuerpo así como para el alma en el mundo eterno; en otras palabras, el tormento que le espera a los perdidos tendrá elementos de sufrimiento adaptado a lo material, así como a la parte espiritual de nuestra naturaleza, los cuales, se nos asegura, existirán para siempre.[24]

—*Commentary on the Whole Bible*

No obstante, las Escrituras, claramente afirman que quienes rechacen las misericordias de Cristo durante esta vida enfrentarán una eternidad en el infierno estando plenamente conscientes para siempre.[25]

—Grant Jeffrey

El horno ardiente se enciende solo por el aspecto insoportable de Dios y perdura eternamente [...] Constantemente, los condenados serán juzgados, constantemente sufrirán dolor y constantemente serán un horno ardiente, es decir, serán torturados.[26]

—Martín Lutero

Encontramos que la Escritura es clara en su enseñanza de que aquellos que rechazan la salvación de Dios sufrirán por toda la eternidad en tinieblas [...] La Biblia enseña que la humanidad no regenerada sufrirá la ira eterna de Dios y deberán someterse a la destrucción y la ruina de su función original... [27]

—WALTER MARTIN

Los agentes del sufrimiento nunca terminan porque los que están en el infierno experimentan sufrimiento consciente para siempre [...] Este breve resumen demuestra claramente que el castigo futuro de los malvados en el infierno es un tema importante en el Nuevo Testamento [...] De hecho, el castigo futuro es abordado de alguna manera por cada autor del Nuevo Testamento [...] La descripción principal del infierno en el Nuevo Testamento es un castigo [...] El castigo también consiste en sufrimiento. Aquellos en el infierno sufren dolor intenso e insoportable. [28]

—CHRISTOPHER W. MORGAN

Un castigo eterno de tal magnitud significa infligir una pena divina que es final en el mismo sentido en que la vida eterna es final; prima facie, por lo tanto, eterna y sin fin [...] Mateo 25:46, dijo O. C. Quick, Profesor Real de Teología en Oxford, es uno de dos de los textos más explícitos del Nuevo Testamento que afirman dolor penal permanente para algunos después de la muerte. [29]

—J. I. PACKER

Tan sorprendente como pueda parecer, no obstante es un hecho, las Escrituras hablan con mucha más frecuencia del enojo y la ira de Dios, que de su amor y compasión. Argumentar, entonces, que porque Dios es amor Él no infligirá tormento eterno en los malvados, es ignorar el hecho de que Dios es luz, y que debe salvaguardar su santidad [...] Por otra parte, negar la justicia del castigo eterno es declarar como falsa la conciencia cristiana.[30]

—A. W. Pink

... Hablamos de la ira venidera y el castigo eterno que Dios adjudica a los impenitentes, con temor y temblor, pero hablamos de ello porque no podemos escapar de la corrección que es enseñada en la Palabra de Dios.[31]

—C. H. Spurgeon

... el fuego del infierno es eterno; expresamente anunciado como una pena eterna, así que permítanle admitir que es a raíz de esta circunstancia que este "matar" interminable es más formidable que un asesinato meramente humano, que solo es temporal.[32]

—Tertuliano

El infierno es un lugar y es eterno. Ciento treinta y dos textos prueban que ese lugar es real.[33]

—Jack Van Impe

En ese mismo momento en que el alma es separada del cuerpo; en ese instante el alma pierde todos esos placeres para cuyo disfrute depende de los sentidos externos. El olfato, el gusto, el tacto ya no se deleitan más [...] En las sombrías regiones de los muertos todas estas cosas se olvidan [...] No hay ninguna grandeza en las regiones infernales; no hay nada hermoso en esas moradas oscuras; no hay luz, excepto la de las lívidas llamas. Y nada nuevo: ¡solo una escena de horror tras otra con poca variación! No hay ninguna música excepto gemidos y alaridos; de llanto, de lamento y de crujir de dientes [...] No; son los herederos de la vergüenza y el desprecio eternos. Por lo tanto, están totalmente separados de todas las cosas que se encontraban en el mundo presente [...] porque no hay amistad en el infierno [...] Pero ha sido cuestionado por algunos si hay fuego en el infierno: es decir, fuego material alguno. De hecho, si hay algún fuego, es sin lugar a dudas material [...] ¿No habla nuestro Señor como si fuera fuego real? Nadie puede negar o dudar de esto: ¿Es posible entonces suponer que el Dios de verdad hablaría de esta manera si no fuera así? ¿Pensó en espantar a sus pobres criaturas? ¡Qué! ¿Con espantapájaros? ¿Con vanas sombras de cosas que no tienen existencia? ¡Oh que nadie lo crea así! No le impute tales tonterías al Altísimo.[34]

—John Wesley

Las personas que mueren hoy en día, sin Cristo, van al Hades. Es un lugar de tormento donde los demonios (espíritus malignos) atormentan a la gente en varias cámaras y la intensidad del castigo recibido depende de los pecados que cometieron.[35]

—Theo Wolmarans

Infierno es un lugar literal, al igual que el cielo. No es metafórico o alegórico, como dicen algunos. La Biblia es clara, y debemos tomarla literalmente como Dios quiso que fuera tomada.

14

¿Ha invertido en el cielo?

LA MAYORÍA DE nosotros invertimos en nuestro futuro. Planificamos, ahorramos y hacemos estrategias para quedar libres de deudas y tener algo para nuestros años de retiro. Sin embargo, mucha gente ni siquiera considera invertir en su eternidad. Los años de jubilación son pocos, pero la eternidad es un largo tiempo. Sería prudente tener una perspectiva eterna e invertir en nuestra vida más allá de esta existencia temporal. Como David Shibley afirma: "Pero si consideramos esta vida como una especie de entrenamiento intensivo para la vida después de la muerte, nuestras percepciones —y nuestras acciones— cambiarán. Nuestra verdadera lealtad será con el Reino de los cielos".[1]

Jesús dijo en Mateo 6:19-21: "No os hagáis tesoros en la tierra, donde la polilla y el orín corrompen, y donde ladrones minan y hurtan; sino haceos tesoros en el cielo, donde ni la polilla ni el orín corrompen, y donde ladrones no minan ni hurtan. Porque donde esté vuestro tesoro, allí estará también vuestro corazón".

La pregunta es: ¿qué son los tesoros en el cielo? Uno de los tesoros sería lo que Jesús dijo en Mateo 19:21: "Si quieres ser perfecto, anda, vende lo que tienes, y dalo a los pobres, y tendrás tesoro en el cielo; y ven y sígueme". Al darle a los pobres usted almacena para sí mismo tesoro no solo en el cielo, sino también en la Tierra. Proverbios 28:27 declara: "El que da al pobre no tendrá pobreza…". También Salmos 41:1-2 nos dice: "Bienaventurado el que piensa en el pobre; en el día malo lo librará JEHOVÁ. JEHOVÁ lo guardará, y le dará vida; será bienaventurado en la tierra". Darle a los pobres también nos traerá recompensas eternas.

En el capítulo 8 mencione algunas de las recompensas que recibiremos en el cielo, como gobernar sobre ciudades, sobre naciones o sobre otros eventos como los declaran las Escrituras. Las grandes recompensas serán dadas a aquellos que fueron siervos del Señor (Mateo 5:12,19; 6:18; 11:11; 18:4; 20:27; 23:11; 25:23; Lucas 19:16-17; 22:27; Apocalipsis 2:26).

La inversión más importante que podemos hacer en el cielo es llevar gente con nosotros. No podemos llevar nada con nosotros cuando morimos; excepto otras almas. Nuevamente, Jesús declaró que si un hombre tiene cien ovejas y una se pierde, Él irá tras esa una y se alegrará mucho cuando la encuentre (Mateo 18:12). Jesús continuó explicando en Mateo 18:14: "Así, no es la voluntad de vuestro Padre que está en los cielos, que se pierda uno de estos pequeños". Estaba mostrando la importancia de un alma que es salva, lo valiosa que es un alma para Dios. Salmos 49:8 nos dice: "Porque la redención de su vida es de gran precio". Jesús dijo: "Así os digo que hay gozo delante de los ángeles de Dios por un pecador que se arrepiente" (Lucas 15:10). Primera de Corintios 9:22 dice: "...a todos me he hecho de todo, para que de todos modos salve a algunos". Y Proverbios 11:30 afirma: "Y el que gana almas es sabio".

Se requiere esfuerzo para compartir el evangelio con los demás, y muchas veces hay oposición a nuestro testimonio. Es más fácil para nosotros como cristianos leer nuestras Biblias, ir a la iglesia y luego hacer cualquier otra cosa. Pero Dios quiere que tengamos su perspectiva e intentemos influir en tantas personas como sea posible con el fin de que vengan al Reino. Una de las maneras de ser un buen testigo de Jesús es ser consciente de cómo realizamos nuestro trabajo. Jentezen Franklin escribe: "No sea un vago, porque ese es su testimonio. Jesús dijo: 'Así alumbre vuestra luz delante de los hombres, para que vean vuestras buenas obras, y glorifiquen a vuestro Padre que está en los cielos' (Mateo 5:16). ¿Qué? Ellos ven cómo trabaja, y eso le da una plataforma en la vida de ellos. Si quiere darle testimonio a su jefe, dé un esfuerzo extra cada día, y la oportunidad vendrá para usted. Entonces él respetará su testimonio".[2]

Dios desea bendecir a la gente, y depende de nosotros abrir nuestra boca y compartir el camino de la salvación.

Jesús nos dijo en Marcos 16:15: "Id por todo el mundo y predicad el evangelio a toda criatura". Esto no es una sugerencia, sino un mandamiento.

Charles W. Spurgeon dijo: "Ganar almas es el principal negocio del cristiano; de hecho, debería ser la búsqueda principal de cada creyente".[3]

Es interesante que, a medida que las personas se acercan a la muerte, suele ser más fácil hablar con ellos sobre el más allá. El Dr. Maurice Rawlings dice: "Que yo sepa, nunca he visto un moribundo ateo".[4]

Es un hecho desafortunado que muchas veces se necesita una tragedia, una enfermedad grave o algún otro evento catastrófico para poder tener una conversación con alguien acerca de Dios y la vida después de la muerte. Supongo que mucha gente piensa que cualquier discusión acerca de Dios acalambrará su estilo de vida, así que la conversación se pospone hasta que se enfrentan con algo serio.

Generalmente, la gente hará algunos preparativos para la muerte. Preparamos un testamento o creamos un fideicomiso. Cuidadosamente consideramos nuestros planes finales, visitamos a nuestras familias y le decimos a nuestros seres queridos todas las cosas importantes que les tenemos que decir. Algunas personas desean ver a un sacerdote o a una persona con hábito cuando están en sus lechos de muerte. Generalmente están en temor cuando están a punto de morir, como he observado muchas veces al visitarlos en el hospital. Si una persona no conoce a Jesús, generalmente viene sobre ellos un miedo abrumador. Y deberían estar contentos de que así sea, ya que este miedo los coloca en una posición para escuchar y estar abiertos a la verdad (Job 33:15-22). Judas 23 nos dice: "A otros salvad, arrebatándolos del fuego". Esa es la única vez en que algunos están dispuestos a hablar y escuchar acerca del camino al cielo. Si ya somos cristianos, entonces sabemos que estamos listos para dejar esta vida. Tenemos paz con Dios en nuestros corazones porque estamos confiando en él. Como cristianos, tenemos la plena certeza de nuestra salvación y nuestro destino eterno (Isaías 51:6; Hechos 17:31; Hebreos 5:9; 1 Juan 2:25).

Lo único que normalmente desea un cristiano más que cualquier otra cosa antes de morir es asegurarse de que sus familiares también son cristianos. El hombre rico llegó a darse cuenta cuando llegó al infierno de que sus hermanos necesitaban arrepentirse de sus pecados, o también terminarían en ese horrible lugar de tormento (Lucas 16:30). Estaba preocupado por ellos y no quería que sufrieran lo que él estaba sufriendo. Billy Graham informa lo que un hombre declaró en su testamento: " ... Esto es lo que Patrick Henry escribió en su testamento: 'Ya le he entregado todos mis bienes a mi familia. Hay una cosa más que desearía poder darles, y eso es la fe en Jesucristo. Si tuvieran eso y no les hubiera dado un chelín, serían ricos; y si no les hubiera dado eso y les hubiera dado todo el mundo, serían en efecto pobres'".[5]

Jesús dijo: "Porque ¿qué aprovechará al hombre, si ganare todo el mundo, y perdiere su alma? ¿O qué recompensa dará el hombre por su alma?" (Mateo 16:26).

No podemos obligar a nadie a recibir el amor y el perdón de Dios. Nosotros solo podemos compartir el plan de salvación de Dios, y cada persona debe decidir por sí misma. Necesitamos orar que la gente descubra la verdad antes de que sea demasiado tarde; como en el caso del hombre rico en el infierno.

La siguiente ilustración nos da una perspectiva eterna, escrita por R. Wayne Wills: "Luis Pasteur, el pionero de la inmunología, vivió en una época en la que miles de personas morían cada año de rabia. Pasteur había trabajado durante años en una vacuna. Justo cuando estaba a punto de comenzar a probarla en sí mismo, un niño de nueve años, Joseph Meister, fue mordido por un perro rabioso. La madre del niño le rogó Pasteur que experimentara con su hijo. Pasteur inyectó a Joseph durante diez días; y el niño vivió. Décadas más tarde, de todas las cosas que Pasteur pudo haber pedido que fueran grabadas en su lápida, pidió tres palabras: JOSEPH MEISTER VIVIÓ. Nuestro mayor legado serán quienes vivan eternamente debido a nuestros esfuerzos".[6]

Cuando lleguemos al cielo y veamos a los que ayudamos a ser influidos a ver la luz y aceptar al Señor, será un premio muy valioso.

La Biblia declara que hay también muchas recompensas en el cielo para quienes fueron obedientes en la tierra.

» Salmos 19:11: "...en guardarlos [los mandamientos] hay grande galardón".
» Salmos 62:12: "...porque tú pagas a cada uno conforme a su obra".
» Proverbios 11:18: "...Mas el que siembra justicia tendrá galardón firme".
» Proverbios 13:13: "...mas el que teme el mandamiento será recompensado".
» Jeremías 31:16: "...porque salario hay para tu trabajo".
» Oseas 4:9: "...le castigaré por su conducta, y le pagaré conforme a sus obras".
» Mateo 5:11-12: "Bienaventurados sois cuando por mi causa os vituperen y os persigan, y digan toda clase de mal contra vosotros, mintiendo. Gozaos y alegraos, porque vuestro galardón es grande en los cielos;

porque así persiguieron a los profetas que fueron antes de vosotros".

» Mateo 6:1, 4: "Guardaos de hacer vuestra justicia delante de los hombres, para ser vistos de ellos; de otra manera no tendréis recompensa de vuestro Padre que está en los cielos [...] y tu Padre que ve en lo secreto te recompensará en público".

» Mateo 16:27: "...y entonces pagará a cada uno conforme a sus obras".

» Marcos 9:41: "Y cualquiera que os diere un vaso de agua en mi nombre, porque sois de Cristo, de cierto os digo que no perderá su recompensa".

» Lucas 6:23: "...vuestro galardón es grande en los cielos..." (es decir, cuando los hombres los odien por causa de Jesús).

» Luke 14:13-14: "Mas cuando hagas banquete, llama a los pobres, los mancos, los cojos y los ciegos; y serás bienaventurado; porque ellos no te pueden recompensar, pero te será recompensado en la resurrección de los justos".

» 1 Corintios 3:8: "...cada uno recibirá su recompensa conforme a su labor".

» 1 Corintios 3:14: "...recibirá recompensa".

» Colosenses 3:24: "Sabiendo que del Señor recibiréis la recompensa de la herencia, porque a Cristo el Señor servís".

» Hebreos 11:6: "...es galardonador de los que le buscan".

» Apocalipsis 11:18: "...y de dar el galardón a tus siervos los profetas, a los santos, y a los que temen tu nombre...".

» Apocalipsis 22:12: "He aquí yo vengo pronto, y mi galardón conmigo, para recompensar a cada uno según sea su obra".

» Otros versículos que hablan de nuestra recompensa eterna incluyen Salmos 58:11; Mateo 6:6; Lucas 6:35; Hebreos 10:32-35; 2 Juan 8.

Como cristianos, ¿tenemos una perspectiva eterna? ¿Estamos preocupados por aquellos que no conocen el camino de la salvación? ¿Estamos haciendo cosas que contarán para la eternidad? Billy Graham escribe: "A los cinco minutos de estar en el cielo [...] De repente las cosas que pensé eran importantes —las tareas de mañana, los planes para la cena de mi iglesia, mi éxito o fracaso en complacer a los que me rodean— no importarán en lo absoluto. Y las cosas a las que le di poca consideración —la palabra de Cristo para el hombre al lado, el momento (lo corto que era) de ferviente oración por la obra del Señor en lejanas tierras, confesar y renunciar a ese pecado secreto— permanecerán como reales y duraderas. A los cinco minutos de estar en el cielo, seré abrumado por las verdades que he conocido, pero que de alguna manera nunca abracé. Me daré cuenta entonces de que lo que soy en Cristo es lo que viene primero para Dios...".[7]

¿Elegiremos vivir para Dios, o elegiremos vivir para nosotros mismos? No estamos renunciando a nada de valor al vivir para Dios, y Él incluso nos recompensará si lo hacemos. No es una pérdida, sino una gran ganancia. Es bíblico para nosotros desear las recompensas que promete.

David Shibley escribe: "De vez en vez me encuentro gente que dice: 'Bueno, yo no estoy haciendo esto por recompensas. Será recompensa suficiente estar en el cielo'. Esto obvia el punto principal; y es mala teología. El cielo no es una recompensa; es parte de nuestro paquete de regalo de redención cuando vinimos a la fe salvadora en Cristo Jesús. Además, darle poco valor a lo que el cielo dice tiene gran valor insulta al mismo Señor que ofrece estas recompensas".[8]

Jesús de hecho nos dijo en el Sermón del Monte que obtendremos recompensas (Lucas 6:23). Si tienes un problema con esto, puede que necesite cambiar y adquirir la mente de Cristo (Efesios 4:23; Filipenses 2:5).

Charles H. Spurgeon escribió: "A la mención de la palabra *recompensa*, algunos pararán la oreja y murmurarán: 'Legalismo'. Sin embargo, la recompensa de la que hablamos no es de deuda, sino de gracia. No se disfruta con el engreimiento orgulloso del mérito, sino con el deleite agradecido de la humildad".[9]

En su libro una de las cosas de las que habla Spurgeon es acerca de las recompensas que son dadas a quienes testifican de Cristo. Continúa diciendo: "Sin embargo, la recompensa más rica se encuentra en agradar a Dios y hacer que el Redentor vea los resultados del trabajo de su alma. Que Jesús tenga su recompensa es digno del Padre eterno, pero es maravilloso que seamos contratados por el Padre para darle a Cristo lo comprado por sus agonías. ¡Esto es una maravilla de maravillas!".[10] En otras palabras, el hecho de que podemos contribuir a la recompensa de Jesús al ganar almas es verdaderamente asombroso.

Moisés también apreciaba la recompensa dada: "…porque tenía puesta la mirada en el galardón" (Hebreos 11:26).

Otra de las mayores recompensas que se nos podrían dar en el cielo será que se nos permita tiempo con Jesús. Ser capaces de caminar y hablar con Él será el regalo más preciado de todos. ¿Podría ser, quizás, que cuanto más tiempo pasamos con él en oración, más tiempo tendremos con Él en el cielo? No es que nos lo podamos ganar, pero la Biblia dice que el "…es galardonador de los que le buscan" (Hebreos 11:6). Además, Gálatas 6:7 dice: "…todo lo que el hombre sembrare, eso también segará". ¿Si sembramos tiempo con Él aquí, cosecharemos más tiempo con Él en el cielo? ¡Es solo un pensamiento!

15

¡Perder la vida para encontrarla!

JESÚS DIJO EN Mateo 10:39: "El que halla su vida, la perderá; y el que pierde su vida por causa de mí, la hallará".

¿Qué quiso decir Jesús con esa declaración? La tendencia natural es que vivamos vidas egoístas, y que nos pongamos a nosotros mismos primero. Jesús estaba hablando de rendir nuestros propios caminos y someternos a su voluntad. Jesús también dijo en Mateo 16:24: "Si alguno quiere venir en pos de mí, niéguese a sí mismo, y tome su cruz, y sígame". También dijo: "...tome su cruz cada día..." (Lucas 9:23). Él dijo en Mateo 10:38: "Y el que no toma su cruz y sigue en pos de mí, no es digno de mí". Él continuó: "Y el que no lleva su cruz y viene en pos de mí, no puede ser mi discípulo" (Lucas 14:27). En Lucas 14:26-28 Jesús explicó que primero debemos contar el costo, y que si no "aborrecemos" a nuestros seres queridos y a nuestras propias vidas en comparación con Él, no podemos ser sus discípulos (Marcos 8:34-35; 10:21). Eso no suena como una persona que esté pidiendo un compromiso parcial. Jesús es franco, fuerte y directo sobre cómo debemos servirlo. ¡Nada de hacerlo a medias!

El *Believer's Bible Commentary* lo dice así:

> La tentación es abrazarse de su propia vida tratando de evitar el dolor y la pérdida de una vida de compromiso

total. Pero este es el mayor desperdicio de una vida: gastarlo en la gratificación de uno mismo. El mayor uso de una vida es gastarla en el servicio a Cristo. La persona que pierde su vida en devoción a Él la encontrará en su verdadera plenitud.[1]

Rod Parsley declara:

Así que mientras las iglesias liberales de Estados Unidos han abandonado la predicación de la cruz debido a su enfoque en el pecado y el arrepentimiento, muchas de sus iglesias evangélicas conservadoras lo han eludido debido a su impopular llamado a la abnegación y el sacrificio [...] Cuando empezamos con el mensaje: "Dios te ama y tiene un plan maravilloso para tu vida", no deberíamos sorprendernos de que muchos entren al Reino pensando, *Por supuesto, todo es acerca de mí*.[2]

En Proverbios 18:2 Salomón afirma: "No toma placer el necio en la inteligencia, sino en que su corazón se descubra". En otras palabras, un necio solamente está preocupado consigo mismo y su propia opinión personal. Hay egoísmo en Estados Unidos en general, y ahora incluso ha penetrado nuestras iglesias.

Rod Parsley continúa diciendo:

¿Es de sorprenderse que más iglesias evangélicas hoy no pueden incluso conseguir que las personas trabajen en la guardería una vez al mes, cuánto menos alcanzar a los adictos a las drogas o a las madres solteras en dificultades? No se les ha dicho nunca que para salvar su vida, la deben perder.[3]

John Bevere nos da este desafío:

Jesús dejó claro que, para seguirlo, primeramente debemos ver el costo. Hay un precio para seguir a Jesús, y Él nos presenta el monto con claridad. ¡El precio no es nada menos que nuestra vida![4]

Glen Berteau escribe:

En la actualidad muchos cristianos están convencidos de que Jesucristo vino a la tierra para hacerlos felices y exitosos [...] Pero Jesús no vino para hacernos sentir mejor acerca de nuestro egoísmo y nuestros pecados. El vino para perdonar nuestros pecados, transformarnos y cambiar nuestros corazones de manera que veamos el pecado como detestable en lugar de deseable.[5]

¿Cómo perder nuestra vida en Él y cambiar nuestros deseos? A medida que leamos su palabra diariamente, nuestra mente es renovada de día en día, y nos enamoramos más y más de Él (vea 2 Corintios 4:16; Efesios 4:23; Santiago 1:21). John Bevere continúa: "Usted solo puede amar a alguien en la medida en que lo conozca".[6] Solamente podemos llegar a conocer a Dios por pasar tiempo con Él en oración y en su Palabra.

Ahora bien, muchos piensan que si entregan su vida a servir a Dios, tienen que renunciar a todo lo que disfrutan y trasladarse a una selva remota en algún lugar para ser misioneros. No nos está pidiendo que renunciemos a todo lo que nos encanta, sino más bien, a que nos rindamos a su perfecta voluntad. Él quiere usar nuestras habilidades dadas por Dios para su propósito. Y en cuanto a trasladarse a la selva, Dios nos ha hecho a cada uno de nosotros diferentes. Y sabe si somos capaces de manejarlo. Y, si no, entonces generalmente no nos pedirá que vayamos. Abundaré sobre este punto más adelante. Pero primero, Dios nos ha dado deseos, destinos y talentos individuales. Cuando cada uno de nosotros nos sometemos a la voluntad de Dios para nuestras vidas, empezamos a notar un cierto deseo o inclinación hacia algo. Tal vez desea ayudar en el departamento de cuidado infantil en su iglesia o incluso realizar el trabajo de grabación en video para la iglesia. Quizá quiera estar en el equipo de evangelización en las calles. Su llamado de parte de Dios quizá ni siquiera esté para nada en el mundo ministerial. Quizá sea como contador, para ayudar a la gente a ahorrar y manejar dinero. Quizá sea como abogado, para defender a los inocentes. Podría ser en la política, para ayudar a combatir algunos de los ataques contra el cristianismo o para ayudar a gobernar con justicia. Si su llamado es en realidad para el ministerio, podría ser en el extranjero o en su propio patio trasero. Mi esposa y yo conocimos a una pareja que está en el ministerio en las partes más difíciles de África. Viven en la selva, tienen que mantener sus cabezas afeitadas debido a los piojos y comen muchos alimentos extraños, pero les encanta. Me dijeron que nunca podrían hacer lo que hacemos, llevar un traje y viajar en aviones, dormir en edificios y así sucesivamente. Dios le da a cada hombre el deseo de hacer para lo que Él los ha equipado. Él no lo colocará en algo para lo que no está hecho. Así que no hay necesidad de ser temeroso de someterse a la voluntad de Dios para su vida, ya que su voluntad es lo mejor para usted.

Ahora bien, por otro lado, eso no significa que siempre será exactamente lo que usted quiere. Muchas veces nos saca de nuestra zona de confort, ¡y podríamos estar haciendo algo que no deseamos en absoluto! Sin embargo, después de un rato, nos sentiremos cómodos con la voluntad de Dios. Vamos a descubrir que Él nos ha equipado para el trabajo.

En cuanto a mi esposa y yo, nunca quisimos viajar, porque nos gusta nuestra rutina. Viajar interrumpe completamente un estilo de vida sistemático. Además, lo último que hubiera querido hacer era ser un orador público. Además de eso, soy una persona conservadora que nunca hubiera querido ser identificado con aquellos que dicen haber tenido algún tipo de experiencia sobrenatural. He sido conservador toda mi vida, y tiendo a buscar a los maestros más académicos de la Biblia. He tenido mi propio negocio de bienes raíces durante treinta y cinco años, que es una profesión conservadora. También, he sido una persona que disfruta estar tras bambalinas; no me gusta estar al frente de grandes multitudes, en la televisión, y así sucesivamente. Como puede ver, tuve que estar dispuesto a confiarle mi vida a Dios, y entonces más adelante, me sentí más cómodo con estas cosas. Sin embargo, tomó un tiempo, debo añadir. Pero ahora, no querría hacer ninguna otra cosa. Por supuesto, Dios lo sabía, y yo ni siquiera me daba cuenta de que sería capaz de hacer tales cosas. Ahora, de vuelta a lo que significa poner a Dios primero en nuestra vida.

Jesús dijo en Mateo 19:29: "Y cualquiera que haya dejado casas, o hermanos, o hermanas, o padre, o madre, o mujer, o hijos, o tierras, por mi nombre, recibirá cien veces más, y heredará la vida eterna". Está diciendo que si usted deja algo por Él, recibirá cien veces lo que dejó y tendrá también la alegría de entrar al cielo. Dios nunca quedará en desventaja en el asunto de dar, puesto que siempre es el dador de todo lo bueno que tenemos (Santiago 1:17). También Jesús dijo en Marcos 9:35: "Si alguno quiere ser el primero, será el postrero de todos, y el servidor de todos".

Deberíamos esforzarnos para estar siempre en la perfecta voluntad de Dios, sin importar lo que esto conlleve. Cada uno de nosotros está llamado a compartir la buena noticia del evangelio. El mundo es ganado para Cristo una persona a la vez, y todos podemos participar. La Biblia dice que "el que gana almas es sabio" (Proverbios 11:30). Y Jesús dijo en Marcos 16:15: "Id por todo el mundo y predicad el evangelio a toda criatura". Si podemos influir en una persona para que vaya al cielo, es un tesoro a la vista de Dios, y nos traerá una gran recompensa.

16

¿Son realmente mis propias palabras?

J ESÚS DIJO EN Mateo 12:37: "Porque por tus palabras serás justificado, y por tus palabras serás condenado". Nos dijo que nuestras propias palabras nos enviarían al infierno, y no Él. ¿Por qué dice eso? Apocalipsis 21:8 declara que todos los incrédulos serán echados en el lago de fuego. Si decimos con nuestras propias palabras: "Yo no le creo a Dios, ni creo lo que dijo en la Biblia. Yo creo en mi propia opinión", entonces estaríamos en desacuerdo con lo que Jesús dijo que *es* el único camino al cielo. Si no tomamos una decisión por Cristo, entonces nos enviamos a nosotros mismos al infierno. También, una falta de decisión significa que estamos en la barda o en una posición neutral. De hecho, una falta de decisión es una decisión. ¡[El resultado] sería el infierno por defecto! Debemos confesar a Jesús como nuestro Señor y Salvador para ser salvos (Romanos 10:9-10). De lo contrario nuestras propias palabras nos condenarán al infierno. Por supuesto, es Dios quien en realidad le ordena a los verdugos que envíen a la persona al infierno (Job 33:22: la palabra aquí es "Seol" y no "sepulcro"). Al igual que en la sentencia de un juzgado, el juez es el que da las órdenes, pero eso es solamente porque la persona primero es encontrada culpable.

Como cristianos, también seremos juzgados por nuestras palabras: no en el sentido de la salvación, pero con respecto a nuestras recompensas (2 Corintios 5:10-11). R. T. Kendall señala: "¿Podría darte el que es posiblemente mi versículo 'menos preferido' de la Biblia? Es Mateo 12:36: las palabras de Jesús: 'Mas yo os digo que de toda palabra ociosa que hablen los hombres, de ella darán cuenta en el día del juicio' [...] ¡Qué cosa! Yo estoy en serios problemas [...] No puedo pensar en algo más aterrador que el que se me eche en cara ese día cada palabra dicha por descuido, ociosa, inútil o desconsiderada [...] Si lo creyéramos literalmente, puedo asegurarle que nos ayudaría muchísimo para controlar nuestra lengua".[1] ¡Ese verdaderamente es un versículo atemorizante para todos nosotros!

Todos nosotros, los que hemos pasado la edad de la responsabilidad (que varía para cada uno de nosotros, la Biblia no da una edad específica, aparte de una pista en Isaías 7:15-16, que es cuando una persona sabe distinguir el bien del mal), estamos automáticamente camino al infierno. Juan 3:18 dice que "el que no cree, ya ha sido condenado, porque no ha creído en el nombre del unigénito Hijo de Dios". Además, como todos nacemos en pecado, todos estamos eternamente separados de Dios (Salmos 51:1-5; Romanos 3:10, 12, 23; 5:12-14). Se nos tiene que dar un nuevo corazón y un espíritu nuevo (Ezequiel 11:19; 18:31; 36:26; 2 Corintios 5:17). Eso solamente viene a través de confiar en Jesucristo como nuestro Señor y Salvador. Tenemos que decirlo con nuestra boca, como nos instruye Romanos 10:9: "Que si confesares con tu boca que Jesús es el Señor, y creyeres en tu corazón que Dios le levantó de los muertos, serás salvo". Jesús dijo en Lucas 13:5: "No; antes si no os arrepentís, todos pereceréis igualmente". Darle la espalda a nuestro pecado es un requisito para la salvación. Es decir que sentimos haber cometido nuestros pecados (2 Corintios 7:9). No podemos hacerlo solos, pero cuando lo recibimos a Él, nos da la gracia de ser capaces de resistir el pecado. Esperamos madurar en nuestro caminar con él y eventualmente crecer lo suficiente para odiar el pecado (Salmos 97:10;

119:113, 128; Proverbios 8:13; Romanos 6:6, 12, 14). Nuestra confianza en Él para nuestra salvación es contada como justicia (Romanos 5:18; 2 Corintios 5:21; Tito 3:5). Además, no tenemos que limpiarnos a nosotros mismos primero. Venimos tal y como somos. Arthur Blessitt dice: "Nadie es demasiado pecador ni ha ido demasiado lejos. Dios escuchará la oración de todo aquel que quiera conocerlo, si esa persona es un musulmán, judío, hindú, budista, ateo o miembro de una iglesia cristiana que no tiene una relación con Jesús".[2]

Apocalipsis 20:15 dice: "Y el que no se halló inscrito en el libro de la vida fue lanzado al lago de fuego".

La pregunta que tengo para usted es: ¿Sabe si su nombre está escrito en el libro de Dios? Tal vez quiera saber ahora, en lugar de averiguarlo más tarde, cuando será demasiado tarde.

Oración para recibir a Jesús en su corazón

Si quiere que su nombre esté escrito en su libro, usted puede saber que está ahí ahora diciendo esta oración. Lo que está haciendo es un compromiso con Él. Significará un cambio de estilo de vida; y alejarse del pecado. Si está listo, entonces diga esta oración en voz alta:

Querido Dios en el cielo:
Sé que he pecado, y que no puedo salvarme a mí mismo. Creo que enviaste a tu hijo, Jesús, a morir en la cruz por mí. Creo que fue crucificado, murió y fue sepultado, pero que resucitó de entre los muertos, y vive para siempre. Sé que mis obras no pueden salvarme, sino solamente la sangre derramada de Jesús en la cruz puede lavar mis pecados. Te pido que vengas a mi corazón, y te recibo como mi Señor y Salvador. Tú eres el Hijo del Dios viviente. Gracias, Jesús,

por venir a mi vida. ¡Gracias, Dios, por salvarme! Ahora confieso que soy un cristiano nacido de nuevo, que va al cielo, te lo pido en el nombre de Jesús, amén. (Vea Lucas 13:3; Juan 3:3, 16; Hechos 4:12; Romanos 3:23, 25; 5:8, 12; 6:23; 10:9-10; 1 Corintios 15:3-4; 1 Juan 1:7.)

Si usted hizo esta oración hoy, alabe a Dios y luego vaya a contarle a alguien acerca de ello. Jesús dijo: "A cualquiera, pues, que me confiese delante de los hombres, yo también le confesaré delante de mi Padre que está en los cielos" (Mateo 10:32). Ahora bien, este solo es el comienzo. Hay dos cosas importantes que hacer. La primera es leer la Biblia todos los días. Esto no es un ejercicio religioso. La Biblia es un manual para la vida. A través de ella, usted aprenderá acerca de este maravilloso Jesús al que servimos. La Biblia nos enseña cómo vivir la vida con éxito y cómo superar los problemas difíciles que todos enfrentamos. Nos enseña cómo obtener las promesas de Dios, que vienen por la obediencia a su Palabra. En segundo lugar, es muy importante que vaya a una iglesia que enseñe la Biblia. Necesitamos aprender a orar. También necesitamos tener comunión con otros que piensen de manera semejante, y necesitamos orar con los demás. Escuchar [grabaciones de enseñanzas cristianas] diariamente nos fortalecerá, y es esencial para una vida cristiana saludable. Gracias por su compromiso con el Señor y por leer este libro. Que el Señor lo bendiga y lo use de una manera poderosa para ayudar a otros.

17

El bautismo: ¿Es un requisito?

LA BIBLIA TAMBIÉN nos instruye a ser bautizados en agua. Esto debe hacerse tan pronto como sea posible. Es una señal externa que muestra que hemos sumergido nuestra carne, y que la hacemos morir, identificándonos con la muerte de Cristo. Esto no es un requisito para la salvación, pero somos instruidos a lo largo del Nuevo Testamento a hacerlo. Ahora bien, algunos no están de acuerdo y afirman que es un requisito para ser salvos. Voy a abordar este tema ahora, en lugar de escuchar acerca de aquellos que querrán probarme y corregirme. No es un requisito, como la Escritura lo deja tan claro. Además, casi cada erudito de renombre, comentario y denominación aclara que el bautismo en agua no es un requisito para la salvación.

Veamos algunas pruebas de este hecho en la Biblia. Hechos 10:45-48 dice: "…también sobre los gentiles se derramase el don del Espíritu Santo. Porque los oían que hablaban en lenguas, y que magnificaban a Dios. ¿Entonces respondió Pedro: ¿Puede acaso alguno impedir el agua, para que no sean bautizados estos que han recibido el Espíritu Santo también como nosotros? Y mandó bautizarles en el nombre del Señor Jesús". Eso es lo más claro que lo puede tener. No fueron solo salvos, sino que también fueron llenos del Espíritu Santo y hablaban en lenguas, antes de ser bautizados.

Además, como el *Believer's Bible Commentary* señala: "Jesús mismo no bautizó (Juan 4:1-2), una extraña omisión si el bautismo fuera necesario para la salvación. Pablo le agradeció a Dios que él bautizó a muy pocos de los corintios (1 Corintios 1:14-16); una acción de gracias imposible si el bautismo fuera esencial para la salvación. Aproximadamente 150 pasajes en el [Nuevo Testamento] declaran que la salvación es solo por fe. Ningún versículo o pocos versos podrían contradecir este testimonio abrumador. El bautismo está conectado con la muerte y sepultura en el [Nuevo Testamento], no con el nacimiento espiritual."[1]

Hay treinta y cuatro versículos que mencionan el arrepentimiento. ¡Pero solamente tres de los treinta y cuatro mencionan arrepentimiento con bautismo! Adelante explicaré una de esas instancias. Los treinta versículos restantes hablan solamente de arrepentimiento.

Aquí están las treinta referencias de los versículos que solo mencionan arrepentimiento, sin mencionar el bautismo: Mateo 3:2, 8; 4:17; 9:13; Marcos 1:4, 15; 2:17; 6:12; Lucas 3:3, 8; 5:32; 13:3, 5; 15:7; 16:30; 17:3-4; 24:47; Hechos 3:19; 8:22; 13:24; 17:30; 20:21; 26:20; Apocalipsis 2:5, 16, 21-22; 3:3, 19.

El *Believer's Bible Commentary* menciona que hay ciento cincuenta versículos que declaran que la salvación es solo por fe. Estos son solamente trece de esos versículos: Romanos 3:22, 25, 28, 30; 4:5, 16; 5:1; 11:20; Gálatas 2:16; 3:8; 2 Timoteo 3:15; Hebreos 6:12; y 1 Pedro 1:5.

La abrumadora cantidad de estos versículos debe tomar prioridad sobre los meros tres que menciona el bautismo y el arrepentimiento juntos. E incluso esos tres tienen una explicación, a la que me referiré en relación con uno de ellos.

El versículo más fuerte utilizado por quienes apoyan el bautismo como un requisito para la salvación es Marcos 16:16, que dice: "El que creyere y fuere bautizado, será salvo; mas el que no creyere, será condenado".

El *Nelson's New Illustrated Bible Commentary* [Nuevo comentario bíblico ilustrado de Nelson] tiene esto qué decir acerca de este versículo: "El que no creyere, será condenado. Esta declaración negativa muestra que el bautismo no es un requisito para la salvación. De lo contrario la declaración diría que el que no creyere y fuere bautizado será condenado".[2]

El *Believer's Bible Commentary* dice esto: "El bautismo no es una condición para la salvación, sino una proclamación externa de que la persona ha sido salva".[3]

La *Encyclopedia of Bible Words* [Enciclopedia de palabras bíblicas] nos dice: "Ciertamente la iglesia primitiva no vio el bautismo en agua como necesario para la salvación, porque Pablo mismo expresó su alivio de que en su misión a Corinto él mismo 'no bautizó a nadie [...] excepto a Crispo y a Gayo' (1 Corintios 1:14)".[4]

El *Holman Illustrated Bible Dictionary* [Diccionario bíblico ilustrado Holman] proporciona esta perspectiva: "La Biblia enseña claramente que uno se apropia de la salvación únicamente por fe basada en la gracia de Dios. El bautismo, siendo un acto del hombre, nunca puede limpiar a una persona de pecado o conseguir el perdón de Dios (Romanos 4:3)".[5]

El *Comentario bíblico MacArthur* dice: " ...No enseña que el bautismo salva, ya que los perdidos son condenados por su incredulidad, no por no ser bautizados".[6]

El *Matthew Henry's Commentary* [Comentario Matthew Henry] nos dice "que nada más sino la incredulidad condenará a los hombres".[7]

Y en *Teología Sistemática* Wayne Grudem resume: "Por lo tanto, debemos concluir que no es necesario ninguna *obra* para la salvación. Y por lo tanto el *bautismo* no es necesario para la salvación [...] decir que el bautismo o cualquier otra acción es *necesaria* para la salvación es decir que no somos justificados solo por fe, sino por la fe más cierta 'obra', la obra del bautismo".[8]

El cuarto versículo que menciona el bautismo es Hechos 19:4, que afirma: "Juan bautizó con bautismo de arrepentimiento". Este versículo no está diciendo que el bautismo en agua sea necesario para la salvación. El contexto es este: "...Estos hombres solo conocían el bautismo de Juan [...] No sabían que Cristo había muerto [...] Él (Pablo) les recordó que cuando Juan bautizaba con el bautismo de arrepentimiento, los instaba a creer [...] en Cristo Jesús".[9] Así que este versículo no puede utilizarse como un texto de prueba del bautismo como requisito para la salvación.

Además, el ladrón en la cruz fue salvo, y obviamente, él no había sido bautizado. La Biblia dice que Dios no hace acepción de personas (Hechos 10:34; Romanos 2:11; Efesios 6:9; Colosenses 3:25). Lo que hizo por el ladrón no fue una excepción. También, si el bautismo fuera un requisito, entonces si alguien estuviera a punto de morir en un accidente aéreo, o en un accidente de automóvil o en una trinchera, entonces Dios no sería capaz de salvar a esas personas que estuvieran clamando a él. Por lo tanto el brazo de Dios se habría acortado para salvar, y sabemos que ese no puede ser el caso. Para probar eso, mire estos versículos:

» Juan 6:40: "Y esta es la voluntad del que me ha enviado: Que todo aquél que ve al Hijo, y cree en él, tenga vida eterna; y yo le resucitaré en el día postrero".

» Romanos 10:13: "Porque todo aquel que invocare el nombre del Señor, será salvo".

» 1 Timoteo 2:4: "El cual quiere que todos los hombres sean salvos...".

» 1 Timoteo 2:6: "[Cristo Jesús] se dio a sí mismo en rescate por todos, de lo cual se dio testimonio a su debido tiempo".

» Hebreos 2:9: "Por la gracia de Dios gustase la muerte por todos".

» 1 Juan 2:2: "Sino también por los [pecados] de todo el mundo".

Como puede ver, la voluntad de Dios es que todos sean salvos, y todos los que le invocan *serán* salvos. Si el bautismo en agua fuera un requisito para la salvación, entonces "todos" no podrían clamar a Él, y estos versículos no serían ciertos. El bautismo es un beneficio maravilloso y sin duda es una bendición; y cada cristiano debe obedecer la Palabra de Dios y experimentarlo. Pero, por favor, no le agregue nada a la clara enseñanza de la salvación solo por fe. Efesios 2:8-9 declara: "Porque por gracia sois salvos por medio de la fe; y esto no de vosotros, pues es don de Dios; no por obras, para que nadie se gloríe".

Tito 3:5 también nos dice: "Nos salvó, no por obras de justicia que nosotros hubiéramos hecho, sino por su misericordia, por el lavamiento de la regeneración y por la renovación en el Espíritu Santo".

Finalmente, Billy Graham afirma: "Solamente una respuesta le dará a una persona ese cierto privilegio, la alegría de entrar en el cielo. 'Porque he creído en Jesucristo y lo acepté como mi Salvador'".[10]

APÉNDICE A

Escrituras proféticas acerca de Jesús, y su cumplimiento

» Sería la simiente de una mujer (Génesis 3:15; Gálatas 4:4).

» Es la simiente de Abraham prometida (Génesis 18:18; Hechos 3:25).

» Es la simiente prometida de Isaac (Génesis 17:19; Mateo 1:2).

» Descenderá de la tribu de Judá (Génesis 49:10; Lucas 3:33).

» Es la simiente prometida de Jacob (Números 24:17; Lucas 3:34).

» Es el heredero del trono de David (Isaías 9:7; Mateo 1:1).

» Su lugar de nacimiento es profetizado (Miqueas 5:2; Mateo 2:1).

» El tiempo de su nacimiento es profetizado (Daniel 9:25; Lucas 2:1-2).

» Nació de una virgen (Isaías 7:14; Mateo 1:18).

» Una masacre de niños ocurre en su nacimiento (Jeremías 31:15; Mateo 2:16).

» La sagrada familia se ve obligada a huir a Egipto (Oseas 11:1; Mateo 2:14).

» Tiene un ministerio en Galilea (Isaías 9:1-2; Mateo 4:12-16).

» Es un profeta (Deuteronomio 18:15; Juan 6:14).

» Es un sacerdote, como Melquisedec (Salmos 110:4; Hebreos 6:20).

» Es rechazado por los judíos (Isaías 53:5; Juan 1:11).

» Algunas de sus características se enumeran en estos versículos (Isaías 11:2; Lucas 2:52).

» Su entrada triunfal en Jerusalén es profetizada (Zacarías 9:9; Juan 12:13-14).

» Es traicionado por un amigo (Salmos 41:9; Marcos 14:10).

» Es vendido por treinta monedas de plata (Zacarías 11:12; Mateo 26:15).

» El dinero es devuelto y se utiliza para el campo del alfarero (Zacarías 11:13; Mateo 27:6-7).

» El oficio de Judas debe ser tomado por otro (Salmos 109:7-8; Hechos 1:16-20).

» Falsos testigos lo acusan (Salmos 27:12; Mateo 26:60-61).

» Guarda silencio cuando es acusado (Isaías 53:7; Mateo 26:62-63).

» Es golpeado y escupido (Isaías 50:6; Marcos 14:65).

» Es odiado sin causa (Salmos 69:4; Juan 15:23-25).

» Sufre violenta y vicariamente (Isaías 53:4-5; Mateo 8:16-17).

» Es crucificado con pecadores (Isaías 53:12; Mateo 27:38).

» Sus manos y pies fueron horadados (Salmos 22:16; Juan 20:27).

» Se burlan de Él y es insultado (Salmos 22:6-8; Mateo 27:39-40).

» Se le da a beber hiel y vinagre (Salmos 69:21; Juan 19:29).

» Escucha que le repiten palabras proféticas en mofa (Salmos 22:8; Mateo 27:43).

» Ora por sus enemigos (Salmos 109:4; Lucas 23:34).

» Su costado es traspasado (Zacarías 12:10; Juan 19:34).

» Los soldados echan suertes por su manto (Salmos 22:18; Marcos 15:24).

» Ni un hueso le fue roto (Salmos 34:20; Juan 19:33).

» Fue enterrado con los ricos (Isaías 53:9; Mateo 27:57-60).

» Resucitó de entre los muertos (Salmos 16:10; Mateo 28:9).

» Asciende al cielo (Salmos 68:18; Lucas 24:50-51).

Jesús mismo lee el pasaje de Isaías que declara: "El Espíritu de Jehová el Señor está sobre mí, porque me ungió Jehová; me ha enviado a predicar buenas nuevas a los abatidos, a vendar a los quebrantados de corazón, a publicar libertad a los cautivos, y a los presos apertura de la cárcel; a proclamar el año de la buena voluntad de Jehová ... " (Isaías 61:1-2). Les dijo: "Hoy se ha cumplido esta Escritura delante de vosotros" (Lucas 4:21). Anunció que Él era el cumplimiento de todas las profecías sobre la venida del Mesías. También dijo esto en Lucas 24:27, donde dice: "Y comenzando desde Moisés, y siguiendo por todos los profetas, les declaraba en todas las Escrituras lo que de él decían". Jesús es el Hijo eterno de Dios.

APÉNDICE B

Comentarios sobre la autenticidad de las Escrituras

El Dr. Gleason L. Archer, licenciado en Divinidad por Princeton y doctorado de la Harvard Graduate School, recibió formación en latín, griego, francés y alemán en la Universidad de Harvard. Se especializó en hebreo, arameo y árabe [...] acadio y siríaco, impartiendo cursos sobre estos temas [...] Obtuvo una licenciatura en derecho [...] Personalmente examinó la mayoría de los sitios arqueológicos importantes [...] Este historial habilitó al Dr. Archer para convertirse en un experto en el tema de los presuntos errores y contradicciones de la Escritura: "En mi opinión, este cargo puede ser refutado y su falsedad expuesta por un estudio objetivo hecho desde una perspectiva coherente, evangélica [...] Sinceramente creo que me he confrontado con casi todas las dificultades bíblicas que se encuentran en discusión en los círculos teológicos hoy; especialmente aquellos que se relacionan con la interpretación y la defensa de las Escrituras [...] Al haber tratado con una aparente discrepancia tras otra y haber estudiado las supuestas contradicciones entre el registro bíblico y la evidencia de la lingüística, la arqueología o la ciencia, mi confianza en la fiabilidad de las Escrituras ha sido verificada y fortalecida en repetidas ocasiones por el descubrimiento de que casi todos los problemas en la Escritura que han sido descubiertos por el hombre, desde la antigüedad hasta ahora han sido resueltos de manera totalmente satisfactoria por el propio texto bíblico; o bien por información arqueológica objetiva".

Dado el hecho de que el Dr. Archer se graduó de Princeton y Harvard, ha realizado extensos estudios en arqueología y otras áreas, habla quince idiomas con fluidez y ha recibido entrenamiento pleno en evidencias legales, la declaración anterior apenas puede ser desestimada sumariamente por los críticos.[1]

El Dr. Robert Dick Wilson (Ph.D., Princeton), una autoridad en Antiguo Testamento y autor de *A Scientific Investigation of the Old Testament* [Una investigación científica del Antiguo Testamento], podía leer el Nuevo Testamento en nueve idiomas diferentes a la edad de veinticinco años. Además, podía repetir de memoria una traducción al hebreo del Nuevo Testamento entero sin perder una sola sílaba y hacer lo mismo con grandes porciones del Antiguo Testamento. Procedió a aprender cuarenta y cinco idiomas y dialectos y tuvo también el grado de maestro en paleografía y filología: "Me hice el invariable hábito de nunca aceptar una objeción a una declaración del Antiguo Testamento sin someterla a la más exhaustiva investigación, lingüística y factual" [...] Su conclusión fue que ningún crítico ha logrado demostrar nunca un error en el Antiguo Testamento.[2]

El Dr. John Warwick Montgomery se graduó de la Universidad Cornell con distinción en filosofía, Phi Beta

Kappa. A partir de ahí obtuvo un doctorado de la Universidad de Chicago, un segundo doctorado en Teología por la Universidad de Strasborg, Francia, y siete grados adicionales de posgrado en Teología, Derecho, Ciencias Bibliotecarias y otros campos. Ha escrito más de 125 artículos académicos en revistas científicas, además de cuarenta libros, muchos de ellos defendiendo la fe cristiana de opiniones escépticas.[3]

El Rev. John W. Haley examinó 900 presuntos problemas en las Escrituras, para concluir: "No puedo sino asegurarles, como [conclusión] [...] que cada dificultad y discrepancia en la Escritura es [...] capaz de una conclusión justa y razonable".[4]

El Dr. William Arndt [...] en su propio estudio de supuestas contradicciones y errores en la Biblia [dijo]: "Podemos decir con plena convicción que no hay casos de este tipo que ocurran en ningún lugar en las Escrituras".[5]

El Dr. Craig L. Blomberg (Ph.D., Universidad de Aberdeen), profesor asociado de Nuevo Testamento, del Seminario de Denver, y autor de *The Historical Reliability of the Gospels* [La confiabilidad histórica de los evangelios] [...] [dice]: "Prácticamente todas las supuestas contradicciones en los Evangelios pueden ser fácilmente armonizadas".[6]

El Dr. John Warwick Montgomery dice: "El manifestarse escéptico respecto del texto resultante de los libros del Nuevo Testamento equivale a lanzar a la oscuridad todos los clásicos de la antigüedad, pues ningún documento del periodo antiguo está tan bien respaldado bibliográficamente como el Nuevo Testamento".[7]

El distinguido arqueólogo, el profesor Albright [...] [dijo lo siguiente:] "La Tabla de las Naciones" [en Génesis 10], según Albright, "sigue siendo un documento asombrosamente preciso".[8]

Con respecto a la Tumba Vacía

N.T. Wright, exprofesor de Estudios de Nuevo Testamento de la Universidad de Oxford en Inglaterra, explica: "El historiador tiene que decir: '¿Cómo explicamos el hecho de que este movimiento se extendió como reguero de pólvora con Jesús como el Mesías, a pesar de que Jesús había sido crucificado?'". La respuesta tiene que ser: solo puede ser porque Él resucitó de entre los muertos.[9]

Harold Mattingly, quien fue profesor emérito de la Universidad de Leeds, escribe en su texto de historia: "Los apóstoles San Pedro y San Pablo, sellaron su testimonio con su propia sangre".[10]

Tertuliano escribe que "ningún hombre estaría dispuesto a morir a menos que estuviera seguro de poseer la verdad".[11]

El profesor de derecho de Harvard, Simon Greenleaf, [dice]: "Difícilmente nos ofrecen los anales de las guerras un ejemplo igual de constancia heroica, de paciencia y de intrépido valor. Ellos tuvieron todos los motivos posibles para revisar cuidadosamente los fundamentos de su fe y las evidencias de los grandes hechos y verdades que ellos mismos afirmaban".[12]

El profesor de historia, Lynn Gardner, acertadamente pregunta: "¿Por qué habrían muerto por lo que ellos sabían que era una mentira? Una persona puede ser engañada y morir por una mentira. Pero los apóstoles estaban en la posición de conocer los hechos sobre la resurrección de Jesús y aun así murieron por ello".[13]

Tom Anderson, expresidente de la Asociación de Abogados Litigantes de California [California Trial Lawyers Association] declara: "Vamos a suponer que los relatos escritos de sus apariciones a cientos de personas son falsos. Quiero hacer una pregunta. Con un evento tan bien publicitado, ¿no cree que sea razonable que un historiador, un testigo, un antagonista registraría para todas las épocas que vio el cuerpo de Cristo? [...] El silencio de la historia es ensordecedor cuando se trata del testimonio en contra de la resurrección".[14]

Paul L. Maier concluye: "Si se pesan cuidadosa y justamente todas las evidencias, es justificable, según los cánones de la investigación histórica, llegar a la conclusión de que la tumba en que Jesús fue sepultado se halló realmente vacía [...] Hasta hora no se ha descubierto ni una pizca de evidencia en las fuentes literarias, ni en la epigrafíca, ni en la arqueología que niegue esta afirmación".[15]

Sir Lionel Luckhoo es considerado por muchos el abogado más exitoso del mundo después de 245 absoluciones de asesinato consecutivas. Este brillante abogado rigurosamente analizó los hechos históricos de la resurrección de Cristo y finalmente declara: "Digo inequívocamente que la evidencia de la resurrección de Jesucristo es tan abrumadora que obliga a aceptarla por pruebas que absolutamente no dejan lugar a dudas".[16]

El profesor Thomas Arnold, autor de los tres volúmenes de la famosa obra *History of Rome* [Historia de Roma] y era catedrático de Historia Moderna en la Universidad de Oxford, dijo: "He estado acostumbrado durante muchos años a estudiar la historia de otras épocas, y a examinar y pesar las evidencias de los que han escrito acerca de esos tiempos, y no conozco ningún acontecimiento de la historia de la humanidad que esté probado por las mejores y más completas evidencias de todo tipo, para la comprensión de un investigador imparcial, que la gran señal que Dios nos ha dado de que Cristo murió y resucitó de los muertos".[17]

El erudito inglés, Brooke Foss Westcott, quien fue profesor de Divinidad en la Universidad de Cambridge, dijo: "Tomando todas las evidencias en conjunto, no es mucho decir que no hay acontecimiento histórico mejor o más variadamente sustentado que la resurrección de Cristo. Nada, sino el presumir anticipadamente que ésta tiene que ser falsa pudiera haber sugerido la deficiencia en la prueba de ella".[18]

William Lane Craig concluye que "cuando uno [...] [usa] los cánones ordinarios de evaluación histórica, la mejor explicación de los hechos es que Dios resucitó a Jesús de los muertos".[19]

Simon Greenleaf fue uno de los juristas de más prestigio de los Estados Unidos. Él fue el famoso Profesor de Derecho Real en la Universidad de Harvard [...] Mientras desempeñaba el cargo de profesor de Derecho en la Universidad de Harvard, Greenleaf escribió un volumen en el cual examinó el valor legal del testimonio de los apóstoles con respecto a la resurrección de Cristo. Observó que era imposible que los apóstoles "pudieran haber persistido en afirmar las verdades que habían narrado, si Jesús realmente no hubiera resucitado de los muertos...". Greenleaf concluyó que la resurrección de Cristo era uno de los acontecimientos mejor comprobados de la historia según las leyes de evidencia legal que se administran en los tribunales de justicia.[20]

Ahora hay más de 5300 manuscritos griegos conocidos del Nuevo Testamento. Añada más de 10 000 en latín vulgar y por lo menos 9300 en otras versiones tempranas y tenemos más de 24 000 ejemplares manuscritos de porciones del Nuevo Testamento en existencia. Ningún otro documento de la antigüedad incluso comienza a acercarse a dichas cifras y acreditación.[21]

"F.F. Bruce dice: No existe un cuerpo de literatura antigua en el mundo que goce de tal riqueza de buena atestación textual como el Nuevo Testamento".[22]

Frederic G. Kenyon [...] [declara:] "Es alentador hallar al fin que el resultado general de todos estos descubrimientos (de manuscritos) [...] es para fortalecer la prueba de la autenticidad de las Escrituras, y nuestra convicción de que tenemos en las manos, en substancial integridad, la verdadera Palabra de Dios".[23]

Notas

Capítulo 1: ¡Me fui en tres segundos!
1. Maurice Rawlings, *Beyond Death's Door* (Thomas Nelson, 1978).
2. Tomado de *El cielo* por Randy Alcorn, copyright © 2006 por Eternal Perspective Ministries. Publicado por Tyndale House Publishers, Inc., xxi. Todos los derechos reservados.

Capítulo 2: ¿Por qué debo ir al cielo?
1. Billy Graham, *Enfrentando la vida y la muerte en el más allá* (Unilit).
2. Alcorn, *El cielo*, 19.
3. Charles Stanley, *Charles Stanley's Handbook for Christian Living* (Thomas Nelson).
4. Billy Graham, *The Heaven Answer Book* (Thomas Nelson).
5. Tomás de Aquino, *Suma Teológica*, como fue citado en Robert A. Peterson, *Hell on Trial*, (Presbyterian and Reformed Publishing).
6. Christopher W. Morgan y Robert A. Peterson, eds., *Hell Under Fire* (Zondervan).
7. Chuck Missler, *Heaven: What Happens When You Die?* (Koinonia House).
8. Peterson, *Hell on Trial*, 68-69.
1. Billy Graham, *Enfrentando la vida y la muerte en el más allá* (Unilit).

Capítulo 3: ¿Qué es la verdad?
1. Tomado de *Reasonable Faith* por William Lane Craig, copyright © 2008, 173-174. Usado con permiso de Crossway.
2. Ibíd., 174-175.
3. *Outrageous Truth* por Robert Jeffress, (Waterbrook, 2008), 29.
4. Tomado de *Lies That Go Unchallenged* por Charles Colson, copyright © 2005 por Charles Colson, 120-121.
5. Tomado de *El origen de la Biblia,* editado por Philip Wesley Comfort. Copyright © 2008 por Tyndale House Publishers, Inc..
6. *The American Heritage Dictionary of the English Language*, 4ª edición (Boston: Houghton-Mifflin, 2006), s.v. "judge" [juez].
7. Franklin Graham, *El nombre* (Grupo Nelson, 2002).
8. Charles Colson y Nancy Pearcey, *Y ahora… ¿cómo viviremos?* (Spanish House).
9. John Adams, como fue citado en *The Evidence Bible* (Bridge-Logos).
10. MSNBC.com, "Belief in Hell Boosts Economic Growth, Fed Says", 27 de julio de 2004.
11. Ulysses S. Grant como fue citado en *The Evidence Bible*, 791.
12. Goodreads.com, "Flannery O'Conner Quotes" (5 de julio de 2013).
13. Grant R. Jeffrey, *Creation* (WaterBrook Press, 2003), 50.
14. Rod Parsley, *Culturally Incorrect* (Thomas Nelson, 2007), 154.
15. Charles Crismier, *Renewing the Soul of America* (Elijah Books).
16. Colson, *Lies That Go Unchallenged*, 165.

CAPÍTULO 4: ¿INFORMADO O IGNORANTE?

1. Como fue citado en Ted Koppel, "Lulling Viewers Into a State of Complicity", *Nieman Reports*, vol. 54, no. 3, Otoño 2000, www.nieman.harvard.edu (8 de julio de 2013).

2. Thomas Edison como es citado en *The Evidence Bible*.

3. John D. Morris, *The Young Earth* (Master Books).

4. Lee Strobel, *El caso de la fe* (Editorial Vida).

5. Jeffrey, *Creation*.

6. Ibíd.

7. Ibíd.

8. Bert Thompson, "Biblical Accuracy and Circumcision on the 8th Day", ApologeticsPress.org, http://apologeticspress.org (8 de julio de 2013).

9. Perry Stone, *Se descifra el código judío* (Casa Creación).

10. Steve A. Austin, "Springs of the Ocean" www.icr.org (8 de julio de 2013).

11. "What Is Distilled Water?", www.planetearthwater.com (8 de julio de 2013).

12. Jeffrey, *Creation*.

13. *The Evidence Bible* (Bridge-Logos), por Ray Comfort y Kirk Cameron.

14. Henry Morris, *Defending the Faith* (Master Books).

15. Jeffrey, *Creation*.

16. Ibíd.

17. Ibíd.

18. Ibíd.

19. Ibíd.

20. *The Evidence Bible*, 709.

21. *How to Be Born Again* por Billy Graham, © 1989 Billy Graham.

22. A. W. Tozer, *Jesús, nuestro hombre en la gloria* (Editorial CLIE).

23. Colson, *Y ahora… ¿cómo viviremos?*, 379 de la versión en inglés.

24. William Penn como fue citado en *The Evidence Bible*.

CAPÍTULO 5: EXPERIENCIAS CERCANAS A LA MUERTE

1. Maurice Rawlings, *To Hell and Back* (Thomas Nelson).

2. Maurice Rawlings, *To Hell and Back, NDE Near-Death Experience Documentary*, http://archive.org (8 de julio de 2013).

3. Dale Black, *Vuelo al cielo* (Editorial Betania).

4. Ibíd., 188.

5. Mickey Robinson, *Falling to Heaven* (Arrow).

6. B. W. Melvin, *A Land Unknown: Hell's Dominion* (Xulon Press).

7. Ibíd.

8. Ibíd.

9. Ibíd.

10. Stone, *Secretos de ultratumba* (Casa Creación).

11. Rawlings, *To Hell and Back, NDE Near-Death Experience Documentary*.

12. Rawlings, *To Hell and Back, NDE Near-Death Experience Documentary*.

13. Ibíd.

14. Ibíd.

15. Ibíd.

16. Ibíd.

17. Ibíd.

18. Ibíd.

19. Rita Bennett, *To Heaven and Back* (Zondervan).
20. Ibíd.
21. Jerry Newberry, *My Journey*, panfleto.

CAPÍTULO 6: EXPERIENCIAS DE MUERTE CLÍNICA
1. Thomas Welch, *Oregon's Amazing Miracle* (Acorn House).
2. Ibíd.
3. Ibíd.
4. Gary L. Wood, *Un lugar llamado cielo* (RevMedia).
5. Ibíd.
6. Ibíd.
7. Richard Sigmund, *Mi tiempo en el cielo* (Whitaker House, copyright © 2010 por Cleft of the Rock Ministries).
8. Ibíd.
9. Ibíd.
10. Don Piper, *90 minutos en el cielo* (Revell).
11. Ibíd.
12. Rawlings, *Beyond Death's Door*.
13. Ibíd.
14. Ibíd.
15. Richard Eby, *Caught Up Into Paradise* (Fleming H. Revell).
16. Ibíd.
17. Kenneth E. Hagin, *I Believe in Visions* (Rhema Bible Church).
18. Ibíd.
19. Ibíd.
20. Rawlings, *Beyond Death's Door*.
21. Ibíd.

CAPÍTULO 7: SUEÑOS Y VISIONES DE LA VIDA DESPUÉS DE LA MUERTE
1. Bill Wiese, *El infierno* (Casa Creación)
2. Erwin Lutzer, *Tu primer minuto después de morir* (Editorial Portavoz).
3. Norvel Hayes, *Understanding the Ministry of Visions* (Norvel Hayes Ministry).
4. John Bunyan, *Visions of Heaven and Hell* (Whitaker House).
5. Ibíd.
6. Ibíd.
7. Ibíd.
8. Stone, *Secretos de ultratumba* (Casa Creación).
9. Lutzer, *Tu primer minuto después de morir*, 80-81 de la versión en inglés.
10. Lori Haider, *Saved From Hell* (N.p: Lori Haider Ministries, n.d.).
11. Ibíd.
12. Ibíd.
13. Ibíd.
14. Ibíd.
15. Ibíd.
16. Ibíd.
17. Ibíd.
18. Rebecca Springer, *En las puertas del cielo* (Whitaker House).
19. Ibíd., 44.

20. Stone, *Secretos de ultratumba*.
21. Pearl Ballew Jenkins, *My Vision of Heaven and Hell* (Murphy, NC: n.p.).
22. Ibíd.
23. Ibíd.
24. Eby, *Caught Up Into Paradise*.
25. Hagin, *I Believe in Visions*.
26. Ibíd.

CAPÍTULO 8: ¿CREE EN UN MÁS ALLÁ?
1. Lutzer, *Tu primer minuto después de morir*, 31 de la versión en inglés.
2. Stone, *Secretos de ultratumba*.
3. Graham, *Enfrentando la vida y la muerte en el más allá*.
4. Graham, *The Heaven Answer Book*.
5. Alcorn, *El cielo*, 24 de la versión en inglés.
6. Wayne Grudem, *Teología sistemática* (Vida).
7. Walter Martin, *The Kingdom of the Cults* (Bethany House Publishers).
8. John Eldredge, *The Journey of Desire* (Thomas Nelson).
9. Alcorn, *El cielo*, 91, 241 de la versión en inglés.
10. Ibíd., 91, 241.
11. Lutzer, *Tu primer minuto después de morir*.
12. Stone, *Secretos de ultratumba*.
13. Edward Donnelly, *El cielo y el infierno* (Banner of Truth).
14. *The Evidence Bible*.
15. Stone, *Secretos de ultratumba*.

CAPÍTULO 9: ¡DIOS NO SE RINDE!
1. Graham, *Enfrentando la vida y la muerte en el más allá*.
2. Charles H. Spurgeon, *Ganadores de hombres* (Clíe).
3. William MacDonald, *Believer's Bible Commentary* (Thomas Nelson).
4. John MacArthur, *The MacArthur Bible Commentary* (Thomas Nelson).
5. Matthew Henry, *Matthew Henry's Commentary on the Whole Bible* (Hendrickson Publishers).
6. Merrill F. Unger, *Unger's Commentary on the Old Testament* (Moody Press).

CAPÍTULO 10: ¡LOS "MUERTOS" PODRÍAN DECIRNOS UNA COSA O DOS!
1. MacDonald, *Believer's Bible Commentary*.
2. *Diccionario expositivo de palabras del Antiguo y Nuevo Testamento exhaustivo de Vine*.
3. Henry, *Matthew Henry's Commentary*.
4. David W. Baker, T. Desmond Alexander, and Bruce K. Waltke, *Obadiah, Jonah, Micah* (InterVarsity Press); Leslie C. Allen, *The Books of Joel, Obadiah, Jonah, and Micah* (Wm. B. Eerdmans Publishing Co.).

CAPÍTULO 11: LO QUE NOS DICEN LAS RELIGIONES
1. Stone, *Secretos de ultratumba*.
2. Ibíd.
3. Graham, *The Classic Writings of Billy Graham*.

4. Ibíd., 182.
5. John Ankerberg and John Weldon, *Facts on Life After Death*.
6. Martin, *The Kingdom of the Cults*.
7. Ibíd.
8. Fritz Ridenour, *Entonces, ¿cuál es la diferencia?* (Casa Creación).
9. Ibíd.
10. Alcorn, *El cielo*, 347 de la versión en inglés.
11. Fritz Ridenour, *Entonces, ¿cuál es la diferencia?* (Casa Creación).
12. Martin, *The Kingdom of the Cults*.
13. Josh McDowell, *Lo mejor de Josh MacDowell en defensa del cristianismo* (Unilit).
14. Rawlings, *To Hell and Back*.
15. Martin, *The Kingdom of the Cults*.
16. Ibíd.
17. Ibíd.
18. Josh McDowell, *Lo mejor de Josh MacDowell en defensa del cristianismo* (Unilit 1998).
19. Ibíd..
20. Ed Decker, *Mormonism* (Harvest House).
21. Stone, *Secretos de ultratumba*.

Capítulo 12: ¿Por qué el cristianismo es único?

1. Henry Morris y Martin Clark, *The Bible Has the Answer* (Master Books).
2. Craig, *Reasonable Faith*.
3. Chuck Missler, *Prophecy 20/20* [Profecía 20/20] (Thomas Nelson).
4. McDowell, *Lo mejor de Josh McDowell en defensa del cristianismo*.
5. Ibíd.
6. Como fue citado en John Ankerberg and John Weldon, *Knowing the Truth About the Reliability of the Bible* (Harvest House).
7. Josh McDowell, *Evidencia que exige un veredicto* (Editorial Vida).
8. Ibíd.
9. Ibíd.
10. *The Evidence Bible*; McDowell, *Evidencia que exige un veredicto*.
11. Edward K. Rowell and *Leadership* editors, *1001 Quotes* (Baker Books).
12. Arthur Blessitt, *The Cross* (Authentic Books).
13. *The Evidence Bible*.
14. Gregory Dickow, *The Power to Change Today* (Faith Words).

Capítulo 13: ¿Qué dice la Biblia sobre el infierno?

1. MacDonald, *Believer's Bible Commentary*.
2. MacArthur, *The MacArthur Bible Commentary*.
3. Martin, *The Kingdom of the Cults*.
4. Robert G. Gromacki, *The New Testament Survey* (Baker Book House).
5. Morgan and Peterson, *Hell Under Fire*.
6. Como fue citado en *Christopher W. Morgan y Robert A. Peterson, eds., Is Hell for Real or Does Everyone Go to Heaven?* (Zondervan).
7. Morgan and Peterson, *Hell Under Fire*.
8. Alcorn, *El cielo*.
9. Peterson, *Hell on Trial*.

10. Grudem, *Teología sistemática*.

11. Martin, *The Kingdom of the Cults*.

12. Morgan and Peterson, eds., *Hell Under Fire*.

13. Missler, "Heaven: What Happens When You Die?"

14. Ibíd.

15. Donnelly, *El cielo y el infierno*.

16. Como se citó en Peterson, *Hell on Trial*.

17. Ibíd..

18. Como fue citado en Morgan and Peterson, eds., *Hell Under Fire*.

19. John Calvin, *Commentary on Matthew, Mark, Luke*, vol. 3, consultado en línea en Christian Classics Ethereal Library, www.ccel.org (12 de julio de 2013).

20. Jonathan Edwards, *Works of Jonathan Edwards*, vol. 2, consultado en línea en Christian Classics Ethereal Library, www.ccel.org (12 de julio de 2013).

21. Grudem, *Teología sistemática*.

22. Lutzer, *Tu primer minuto después de morir*.

23. Henry, *Matthew Henry's Commentary*.

24. Robert Jamieson, A. R. Fausset, and David Brown, *Commentary on the Whole Bible* (Zondervan).

25. Grant R. Jeffrey, *Journey Into Eternity* (Waterbrook Press).

26. Como se citó en Peterson, *Hell on Trial*.

27. Martin, *The Kingdom of the Cults*.

28. Morgan and Peterson, *Hell Under Fire*.

29. Ibíd.

30. A. W. Pink, *Eternal Punishment*.

31. C. H. Spurgeon, "A Private Enquiry" sermón no. 2184, 9 de octubre de 1890, y publicado para su lectura el 18 de enero de 1891, The Spurgeon Archive, http://Spurgeon.org (12 de julio de 2013).

32. Como se citó en Peterson, *Hell on Trial*.

33. Jack Van Impe, *Beyond the Grave*.

34. John Wesley, *The Essential Works of John Wesley* (Barbour).

35. Theo Wolmarans, *How to Recognize the Voice of God* (Theo and Beverly Christian Enterprises).

CAPÍTULO 14: ¿HA INVERTIDO EN EL CIELO?

1. David Shibley, *Living As If Heaven Matters* (Charisma House).

2. Jentezen Franklin, *Cree que tú puedes* (Casa Creación).

3. Charles H. Spurgeon, *Ganadores de hombres* (Clíe).

4. Rawlings, *Beyond Death's Door*.

5. Graham, *Enfrentando la vida y la muerte en el más allá*.

6. Rowell, *1001 Quotes, Illustrations, and Humorous Stories*.

7. Graham, *Enfrentando la vida y la muerte en el más allá,*.

8. Shibley, *Living As if Heaven Matters*.

9. Spurgeon, *Ganadores de hombres*.

10. Ibíd.

CAPÍTULO 15: ¡PERDER LA VIDA PARA ENCONTRARLA!

1. MacDonald, *Believer's Bible Commentary*.

2. Parsley, *Culturally Incorrect*.

3. Ibíd.
4. John Bevere, *El temor de Dios* (Casa Creación).
5. Glen Berteau, *Cristianismo light* (Casa Creación).
6. John Bevere, *El temor de Dios* (Casa Creación).

CAPÍTULO 16: ¿SON REALMENTE MIS PROPIAS PALABRAS?
1. R. T. Kendall, *Controlling the Tongue* (Charisma House).
2. Blessitt, *The Cross*.

CAPÍTULO 17: EL BAUTISMO: ¿ES UN REQUISITO?
1. MacDonald, *Believer's Bible Commentary*.
2. Earl Radmacher, Ronald B. Allen, and H. Wayne House, eds., *Nuevo comentario ilustrado de la Biblia* (Thomas Nelson).
3. MacDonald, *Believer's Bible Commentary*.
4. Lawrence O. Richards, *The Encyclopedia of Bible Words* (Zondervan).
5. Chad Brand, Charles Darper, Archie England, eds., *Holman Illustrated Bible Dictionary* (Holman Bible Publishers).
6. MacArthur, *The MacArthur Bible Commentary*.
7. Henry, *Matthew Henry's Commentary*.
8. Grudem, *Teología sistemática*.
9. MacDonald, *Believer's Bible Commentary*.
10. Graham, *Enfrentando la vida y la muerte en el más allá*.

APÉNDICE B: COMENTARIOS SOBRE LA AUTENTICIDAD DE LAS ESCRITURAS
1. Ankerberg and Weldon, *Knowing the Truth About the Reliability of the Bible*.
2. Ibíd.
3. Ibíd.
4. Ibíd.
5. Ibíd.
6. Ibíd.
7. McDowell, *Evidencia que exige un veredicto*.
8. Ibíd.
9. Josh McDowell, *Más que un carpintero* (Editorial Unilit).
10. Ibíd.
11. Ibíd.
12. Ibíd.
13. Ibíd.
14. Ibíd.
15. Ibíd.
16. Ibíd.
17. Ibíd.
18. Ibíd.
19. Ibíd.
20. Ibíd.
21. McDowell, *Evidencia que exige un veredicto*.
22. Ibíd.
23. Ibíd.

Para más información:

Soul Choice Ministries
PO Box 26588
Santa Ana, CA 92799

www.23minutesinhell.com
www.soulchoiceministries.com

BILL WIESE

 **CASA CREACIÓN**

Para vivir la Palabra

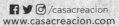 /casacreacion
www.casacreacion.com

Te invitamos a que visites nuestra página web, donde podrás apreciar la pasión por la publicación de libros y Biblias:

www.casacreacion.com

f @CASACREACION

🐦 @CASACREACION

📷 @CASACREACION

Para vivir la Palabra